Heinrich Pleticha
Ritter, Burgen und Turniere

W0178023

Heinrich Pleticha

Ritter Burgen und Turniere

Die Zeit des staufischen Rittertums

6. überarbeitete Auflage 1977. 38. bis 44. Tausend
© 1961 bei Arena-Verlag Georg Popp Würzburg
Alle Rechte vorbehalten
Schutzumschlaggestaltung nach einer vierfarbigen Miniatur aus der Heidelberger Lieder-
handschrift
Bildnachweis: Aerofilms Limited, London (Seite 50); Bayerische Staatsbibliothek, Mün-
chen (Seite 126 unten); Fotohaus Oskar Hiller, Altensteig (Seite 49); Institut für Denk-
malpflege, Ost-Berlin (Seite 64 rechts); Photographie Giraudon, Paris (Seite 64 links);
Pressefoto Emil Bauer, Bamberg (Seite 125, 126 oben); Rekonstruktionszeichnungen
(Seite 21, 25, 27, 29, 32, 35, 53, 75, 96, 97, 109, 112, 115, 117) nach alten Vorlagen besorgte
Josef Langhans, Würzburg.
Dem Verlag Weidlich in Frankfurt/M. danken wir für die Abdruckgenehmigung (Seite
30) aus seinem Verlagswerk W. *Meyer, Die deutsche Burg, 1963*. Ebenso danken wir der
Kantonalen historischen Sammlung, Schloß Lenzburg/Schweiz, für die Abdruckgeneh-
migung (Seite 39, 93) aus dem Werk *Dürst, H., Rittertum, 1962*. Alle übrigen Fotos und
Illustrationen stammen aus dem Archiv von Dr. Heinrich Pleticha.
Gesamtherstellung: Richterdruck Würzburg
ISBN 3 401 03715 3

Inhalt

Keine Angst vor Geschichte!

Nur zu leicht denken wir, wenn von Geschichte gesprochen wird, an ein paar trockene Zahlen, die irgendwann in der Schule gelernt werden mußten, denken vielleicht noch an eine Burgruine, von der man sich gar nicht vorstellen kann, daß einmal Menschen dort gewohnt haben. Es ist einfach zu schwierig, weit zurückliegende Ereignisse mit Leben zu füllen, daran zu denken, daß hinter einer Schlacht, einem Vertrag, einem wichtigen Ereignis Menschen standen, die Freude und Leid kannten, für die der Alltag mit seinen hellen und dunklen Seiten genauso wichtig war, wie er es heute für uns ist.

Natürlich hat sich im Laufe der Zeit vieles gewandelt, die Menschen zur Zeit von Christi Geburt lebten anders als die Menschen des Mittelalters, und das ritterliche Leben wiederum unterscheidet sich vom Leben unserer Tage. Gerade deshalb aber ist es interessant, wenn man einmal versucht, hinter all den trockenen Zahlen und Ereignissen der Geschichte das wirkliche Leben deutlich werden zu lassen.

So soll dieses Buch vom Rittertum und seiner Welt in all ihren Erscheinungsformen erzählen. Wohlgemerkt, es will keine Geschichte oder Kulturgeschichte des Mittelalters bieten, das würde eine Fülle von Stoff mit sich bringen, würde ein viel umfangreicheres Buch notwendig machen. Hier soll nur von der Blütezeit des ritterlichen Lebens und von allem, was damit zusammenhängt, die Rede sein. Daß dabei in erster Linie die Beispiele aus dem deutschen Raum gewählt wurden, ist verständlich, wenn auch dort, wo es notwendig erschien, auf das ritterliche Leben in Frankreich, Italien oder England eingegangen wurde. Das gleiche gilt von der zeitlichen Begrenzung; denn wenn auch im Mittelpunkt die salisch-staufische Zeit, die Glanzzeit des Rittertums, steht, so mußten doch einige bezeichnende Beispiele auch aus dem Spätmittelalter gewählt werden, jedoch immer nur dann, wenn mit Sicherheit anzunehmen ist, daß es sich dabei um Fälle handelt, die für das ganze Mittelalter als charakteristisch angesehen werden dürfen und für die nur zufällig keine älteren Belege in den Quellen zu finden sind.

Das Ziel des Buches fordert auf der einen Seite Beschränkung. Von Bürgern und Bauern, vom Werden der Städte oder vom Leben auf dem Lande wird nicht die Rede sein. Wollen wir aber das Bild des wichtigsten Standes in der mittelalterlichen Welt aufzeichnen, so erfordert das Ziel zugleich auch eine Vertiefung, und deshalb mußte eine Fülle von Stoff verarbeitet und zu einer Einheit verschmolzen werden. Das bedeutet aber, daß es hier nicht um abenteuerliche Geschichten gehen wird, sondern um Geschichte.

Das klingt gefährlich, ist es aber gar nicht; denn der Leser wird bald merken, daß diese Geschichte nicht so langweilig ist, wie er oft annimmt, ganz einfach deshalb, weil es immer noch so viel Neues und Interessantes zu berichten gibt. Doch wir wollen nicht nur seltene und interessante Einzelheiten über das Leben der Ritter erfahren, wie sie nicht in den Geschichtsbüchern stehen, die Ritter sollen auch selbst zu uns sprechen, in Wort und Bild. Vielleicht beginnt dann auch für uns Geschichte lebendig zu werden.

Reiter, Ritter, Räuber

Vom Wesen des Rittertums

Als Kaiser Friedrich Barbarossa Pfingsten 1184 in Mainz einen prächtigen Hoftag feierte, sollen an diesem Fest nach Aussagen der Chronisten an die siebzigtausend Ritter teilgenommen haben. Selbst wenn wir dieser Zahl ein gewisses Mißtrauen entgegenbringen und uns an die bescheidenste Angabe halten, die immerhin noch von vierzigtausend spricht, lassen uns diese Zahlen doch aufhorchen. Diese vierzig- bis siebzigtausend stellen ja nur einen Teil der in Deutschland lebenden Ritter dar. Darüber hinaus gab es Ritter in England genauso wie in Frankreich, Burgund oder Italien. Wir fragen uns unwillkürlich, was das eigentlich für Männer waren, die da einen eigenen Stand bildeten und deren Ansehen heute, fast achthundert Jahre nach diesem Pfingstfest, das den glänzendsten Höhepunkt ritterlichen Lebens darstellte, noch nicht in Vergessenheit geraten ist. Warum beschäftigen sich mit ihnen Gelehrte und Künstler genauso wie der Junge, der von ihren kühnen Taten in den Rittersagen liest, sich selbst ein Schwert, eine Rüstung bastelt oder eine Burg mit Ritterfiguren und Belagerungsmaschinen geschenkt bekommt?

Es ist durchaus verständlich, daß ein solcher Stand, der nicht nur das Schicksal Deutschlands, sondern das des ganzen Abendlandes — zeitweilig sogar das des Morgenlandes — bestimmte, nicht auf einmal da war, daß er nicht einfach aus dem Zusammenschluß einer Gruppe von Männern hervorgegangen war wie bei den Ritterorden. Schon die Worte lassen erkennen, daß Ritter und Reiter zusammengehören. Tatsächlich sind die Ritter hervorgegangen aus dem berittenen Kriegerstand zur Zeit der Karolinger und der sächsischen Kaiser, ja man muß den Ursprung des Rittertums, noch weiter zurückgehend, in der berittenen Gefolgschaft der germanischen Heerführer suchen. Über die Größe dieses berittenen Kriegerstandes dürfen wir uns keine übertriebenen Vorstellungen machen. So wissen wir z. B. vom Heer des deutschen Kaisers Otto II., daß es im Jahre 981 insgesamt zweitausend schwerbewaffnete Reiter umfaßte, zu denen noch viertausend Schildträger kamen. Doch sechstausend Soldaten sind für heutige Begriffe bestimmt kein allzu stattliches Heer!

Aber dieses Heer wurde keineswegs durch ein allgemeines Aufgebot aus- gerüstet, in dem Sinne etwa, daß jeder Freie zu den Waffen greifen und mit in den Kampf ziehen mußte, sondern es bildete schon damals eine nach ganz bestimmten Regeln zusammengestellte Truppe. So verpflichtete der König Herzöge, Fürsten, Grafen und Bischöfe zur Heeresfolge, und diese »Vasallen« wiederum waren verpflichtet, eine bestimmte Anzahl von eigenen Vasallen dem Heer zuzuführen.

Um seine Gefolgsleute für ihre Dienste zu entlohnen, übertrug ihnen der König ein Stück Land als Benefizium, als Lehen. Es konnte durchaus vor- kommen, daß ein König sein Land vom Kaiser zu Lehen nahm, wie etwa der König von Böhmen vom deutschen Kaiser. Die vornehmen Herren aber muß- ten von ihrem großen Lehen ihren eigenen Dienstleuten Teile zur Belohnung abtreten.

Aus diesen kleinen Vasallen entwickelte sich das Rittertum.

Wir sind zu leicht geneigt, Ritter und Adel gleichzusetzen, erhielt doch noch Johann Wolfgang Goethe, als er 1782 »in des Heiligen Römischen Reiches Adelstand gnädigst erhoben wurde« in seinem Adelsbrief das Recht zugebilligt, zu »turnieren mit anderen des Reiches rechtgeborenen Lehens-, Turniers-Ge- nossen adeligen Personen« und ein »adeliges Wappen« zu tragen in »Streiten, Stürmen, Schlachten, Kämpfen, Turnieren, Gestechen, Gefechten, Ritterspie- len, Feldzügen, Panieren, Gezelten-Aufschlagen«.

Aber so selbstverständlich ist diese Gleichsetzung in der ritterlichen Zeit keinesfalls. Etwa drei Viertel aller Ritter waren unfreie Dienstleute, »Mini- steriale«, das heißt Dienstmannen, die ihrem Herrn, dem König oder einem geistlichen oder weltlichen Großen, zu persönlichen Diensten, etwa als Ver- walter des Grundbesitzes und vor allem zum Kriegsdienst, verpflichtet waren. Ursprünglich von den Herrenhöfen versorgt und unterhalten, bekamen auch sie ein Dienstlehen, das sich kaum vom Lehen eines freien Vasallen unter- schied.

Umgekehrt gehörten aber auch die Adligen bis hinauf zum Kaiser dem Ritter- stand an, und Königssöhne mußten, bevor sie die Krone erhielten, zu Rittern geschlagen werden.

In Deutschland lebten, so schätzt man jedenfalls, um das Jahr 1100 etwa zwölf Millionen Menschen. Wieviele von ihnen dem Ritterstand angehörten, können wir nicht sagen, doch dürfte, wenn wir von den Zahlenangaben des Mainzer

*Ritter der staufischen Zeit in Ketten-
hemd und Waffenrock. Rechts zu seinen
Füßen der Topfhelm. Miniatur aus einer
englischen Handschrift.*

Hoffestes oder von der geschätzten Zahl der deutschen Burgen im deutschen
Sprachraum ausgehen, die Schätzung zwischen hundert- bis zweihundert-
tausend liegen.
Ritter ist aber nicht gleich Ritter. Wenn wir hörten, daß dem Ritterstand die
Adeligen ebenso angehörten wie die Ministerialen, so können wir die Über-
sicht noch etwas komplizierter und das Durcheinander noch etwas größer
machen, wenn wir uns vor Augen halten, daß es unter den Adeligen wie unter
den Ministerialen wieder Arme und Reiche gab, und die Ärmeren dürften bei
weitem überwogen haben! Waffen- und Kriegsdienst bildeten zwar eine
wesentliche Aufgabe der Ritter — wobei der Begriff Krieg im weitesten Sinne
zu nehmen ist, also auch die zahllosen kleineren Fehden und Kämpfe mit
einschließt — in Friedenszeiten aber trieben sehr viele Ritter auch nur Acker-
bau und Viehzucht, lebten nicht anders und nicht besser als die Bauern,
die damals neun Zehntel der Bevölkerung ausmachten.
Für die Aufnahme in den Ritterstand waren allein kriegerische Tüchtigkeit

und treuer Dienst maßgebend, und doch galt eine Einschränkung: Söhne von Bauern konnten nicht die Ritterwürde erlangen. Der ursprünglich unfreie, abhängige Ministeriale war durch die Ritterwürde also über den freien Bauern gestellt. Doch es war nicht selten, daß reiche Bauern, Gutsbesitzer würden wir heute sagen, auf die armen niederen Ritter mitleidig oder abfällig herabblickten, die manchmal — wie etwa Walther von der Vogelweide — froh waren, einen Pelzrock für den Winter geschenkt zu bekommen.

Mit der Zeit war es aber auch möglich, daß ein höriger reicher Bauer sich freikaufen konnte, so daß seinen Nachkommen die Erlangung der Ritterwürde ermöglicht wurde.

Vor einem Fest, vor oder nach der Schlacht war die Gelegenheit zur Aufnahme in den Ritterstand besonders günstig, doch mußte der Jüngling zuvor als Knappe seinem Herrn gedient und sich bewährt haben. Mit zwanzig Jahren konnte er dann die eigentliche Ritterweihe oder auch Schwertleite, wie sie in Deutschland genannt wurde, erhalten. Der feierlichen Zeremonie ging gewöhnlich eine Messe voraus, dann gürtete der Herr seinen bisherigen Knappen mit dem Schwert und überreichte ihm Schild und Speer. Die Feier endete meist mit einem Fest. So war auch der erwähnte Hoftag zu Mainz die feierliche Umrahmung für die Schwertleite der Söhne Kaiser Barbarossas.

Die einfache Form der Ritterweihe wurde in Frankreich weiter ausgestaltet. Dort kam die Sitte auf, die Wappen in der Nacht vor dem festlichen Tag auf dem Altar der Kirche niederzulegen. Der Knappe, der zuvor ein Bad genommen hatte, verbrachte die Nacht betend und wachend vor dem Altar. Am nächsten Morgen wurde er feierlich mit dem Schwert umgürtet, dann schlug der Ritter, der die Weihe vornahm, dem Knappen mit der bloßen Hand auf Hals oder Nakken. Diesen Ritterschlag, wie er auch genannt wird, kannte die eigentliche ritterliche Zeit in Deutschland nicht. Er fand hier erst Eingang im 14. Jahrhundert, zu einem Zeitpunkt also, da die Glanzzeit des deutschen Rittertums längst vorüber war. Der Ritterschlag mit dem Schwert, von dem manches Geschichtenbuch erzählt und der heute noch in England üblich ist, wenn der König eine verdiente Persönlichkeit in den Adelsstand erhebt, hat mit der echten Schwertleite oder dem alten französischen Ritterschlag nichts zu tun und wurde erst viel später eingeführt. Die erste Bitte eines Ritters an seinen Landesherrn wurde, wenn sie nicht ungebührlich war, gewöhnlich erfüllt.

Nicht nur Fürstensöhne, auch Dienstmannen wurden manchmal im Rahmen größerer Feiern in die Ritterschaft aufgenommen. So erhielt beispielsweise Ulrich von Liechtenstein zusammen mit 250 anderen Knappen seine Ritter-

Aus Gottfried von Straszburgs »Tristan«

Seinen Gesellen gleich an Reichtum und Schmuck der Kleidung
ging Tristan mit ihnen zum Hof und zum Kampfplatz. Aber nur in
den von Menschenhänden genähten Gewändern glich er ihnen.
Jenes angeborene Kleid, das von der Herzenskammer ausgeht, das
man edle Gesinnung nennt und das des Mannes Leib und Leben
adelt, war bei den Herren und den Gesellen gar ungleich. In diesem
Sinne trug der hochgemute und ehrliebende Tristan ein ganz besonderes Gewand. An schönen Bewegungen, zierlichem Benehmen, an guten Sitten und Tugenden überragte er alle weit.
So kamen sie zum Münster, hörten die Messe und empfingen den
Segen. Marke trat dann zu seinem Neffen Tristan, gürtete ihn mit
dem Schwert, legte ihm die Sporen an und sprach: »Sieh, Neffe, nun
ist dein Schwert gesegnet, und du bist Ritter geworden, nun denke
an ritterliche Ehre und an das, was du bist: Deine Geburt und dein
Adel seien dir vor Augen, sei demütig und ohne Falsch, wahrhaft
und wohlgezogen, sei gütig gegen die Armen und hochgesinnt gegen
die Reichen. halte dich schmuck und würdig. Ehre und minne alle
Frauen. Sei freigebig und getreu, denn nicht Gold und Zobelpelz
zieren Speer und Schild so wie Treue und Freigebigkeit.« Hiermit
bot er ihm den Schild dar, küßte Tristan und sprach: »Nun Glück
auf, Neffe! Möge dir die Kraft Gottes Heil zu deiner Ritterschaft
geben! Sei immer höfisch und fröhlich!«
Nun tat Tristan seinen Gesellen die gleichen Dienste, die ihm sein
Oheim erwies; er gab ihnen Schwert, Sporen und Schild und legte
ihnen mit verständigen Worten Demut, Treue und Freigebigkeit ans
Herz. Dann wurden der Buhurt und andere Spiele geritten. Wie sie
sich auf dem Kampfplatz tummelten, ihre Lanzen verstachen und
wieviele sie zerbrachen, das sollen die Knaben sagen, die die Reste
zusammentragen halfen. Ich mag nicht wie ein Herold all ihr Bu-
hurtieren beschreiben, nur will ich ihnen aus willigem Herzen wünschen, mögen sie alle reich an Ehren werden und gebe ihnen Gott zu
ihrer Ritterschaft ein ritterliches Leben!

würde, als die Tochter seines Herrn, des Herzogs von Österreich, heiratete. Junge Männer, die gemeinsam die Schwertleite empfangen hatten, hießen Schildgefährten und blieben Freunde für das ganze Leben.

Mit der Aufnahme in den Ritterstand ergab sich die Verpflichtung zu den ritterlichen Tugenden, die immer wieder mahnend hervorgehoben wurden. Tapferkeit und Treue galten wohl als die wichtigsten Tugenden, aber auch Selbstbeherrschung, maßvolles Handeln in allen Lebenslagen, Edelmut und Nächstenliebe; denn der Blick des Ritters war auf Gott und die Welt zugleich gerichtet. Ritterehre konnte nicht sein ohne echte Frömmigkeit.

Jeder Ritter sollte Witwen, Kinder und Waisen in ihrer Not beschützen, er sollte sich »stets erbarmen des notigen Volkes und dem Kummer Wehr und Buße tun, dann nahet ihm Gottes Gruß«, heißt es im »Parzival«.

So betrachtet, entsteht ein ideales Bild des Ritters, der Körper und Seele in strenger Zucht hielt und Wert und Würde des aufrechten Mannes zu schätzen wußte. In den edlen Figuren des Naumburger oder des Bamberger Doms, in den farbenprächtigen Bildern der Manessischen Liederhandschrift, in den Helden des Nibelungenliedes spiegelt sich dieses ritterliche Idealbild genauso wie etwa in den bewundernden Worten eines italienischen Chronisten: »Vorzüglich bewaffnet und wie angegossen auf ihren Pferden, das schönste Volk, das jemals die Lombardei betrat, alle bis auf den letzten Mann Deutsche, mannhafte Ritter von hoher Gestalt, noch im Jünglingsalter, unerschrockenen Mutes.«

Zu Gottes-, Herren- und Hofdienst gehörte aber noch ein vierter, der Frauendienst. Der Ritter wählte eine edle Dame, der er dienen wollte, deren Farben er beim Turnier verteidigte. Die Verehrung, die er dieser erwählten Dame entgegenbrachte, hatte nichts mit Liebe in unserem Sinn zu tun. Fast mutet sie an wie ein Spiel mit festen Regeln, von jedem Mitspieler — ob Ritter oder Dame — mit allem Ernst betrieben, wie man sich auch heute in ein Spiel vertiefen kann.

Doch hatte es nichts Oberflächliches oder Leichtfertiges an sich.

»Die Minne zwingt noch mehr zur Stetigkeit als der Kaiser«, heißt es bei einem Dichter, und ihren schönsten Ausdruck findet diese »hohe Minne«, der Frauendienst, wohl in der Dichtung, in den großen höfischen Epen und vor allem im Minnesang.

Welch edle, schöne, romantische Zeit, ist man nun versucht zu sagen, wenn wir uns dieses Idealbild echten ritterlichen Wesens vor Augen halten. Wie selten aber wurde das Ideal wirklich erreicht! Die rauhe Wirklichkeit des

Siegel König Ottokars II. von Böhmen aus dem Jahre 1269. Reiter und Roß sind gleichermaßen prächtig gerüstet.

Ritterstandes sah tatsächlich meistens ganz anders aus. Daß ein Stand, bei dem das kämpferische Element eine so entscheidende Rolle spielte, leicht zu rauhen und harten Sitten neigte, ist nur zu verständlich. Und oft entschied dort, wo die höchsten Tugenden des Ritters, das Maßhalten und die Bescheidenheit, viel besser am Platze gewesen wären, einfach die rauhe Faust und damit die rohe Gewalt.

Immer wieder kam es zu schweren Fehden zwischen den verschiedenen Geschlechtern, ja innerhalb der einzelnen Familien selbst. Die Phantasie des Volkes hat sich solcher blutigen Vorfälle bemächtigt und sie noch ausgemalt. Sage und Dichtung erzählen von Männern und Frauen, die in ihrer Grausamkeit wetteiferten, wie etwa jene Gräfin von Namur, die oft an einem Tag bis zu zehn Menschen blenden ließ. Väter schonten ihre Söhne nicht, Frauen nicht ihre Männer. Es ist bezeichnend, daß die Burgen auf immer uneinnehmbareren Plätzen erbaut und immer stärker befestigt wurden. Friedrich Barbarossa feierte nicht nur mit echt ritterlichem Gepränge in edler Form auf dem Hoffest zu Mainz die Schwertleite seiner Söhne, er ließ auch Gefangenen Nasen und

Ohren abschneiden und bei der Belagerung einer italienischen Stadt geflüchtete Frauen und Kinder an die Belagerungsmaschinen binden, um die Verteidiger an der Zerstörung der Maschinen zu hindern.

Das sind die zwei Seiten ritterlichen Lebens, die helle und die dunkle, und nur zu leicht vergessen wir, daß diese Ritter nicht Idealbilder wie der Bamberger Reiter oder grauenerregende Sagengestalten, daß sie nicht Abbildungen in alten Handschriften oder leere Rüstungen waren, sondern Menschen, die lebten, sich des Lebens freuten und litten.

Und noch eines dürfen wir nicht übersehen: Die eigentliche Blüte des Rittertums währte nur kurze Zeit. Wenn auch die Wurzeln, wie wir hörten, weit früher zu suchen sind, so begann doch der eigentliche Aufstieg erst mit der Herrschaft der salischen Könige, also rund gerechnet nach dem Jahr 1000. Wenn wir aber von dem Ritter sprechen, dann meinen wir den Ritter der staufischen Epoche, der Glanzzeit ritterlichen Lebens, die nur etwa ein Jahrhundert von 1150 bis 1250 dauerte. Mit dem Ende der staufischen Königsmacht setzte auch der Niedergang des Rittertums ein, mochte ritterliche Sitte und ritterliche Kampfesart noch im späten Mittelalter fortdauern, mochte die Rüstung sich weiterentwickeln, und mögen Burgen nach altem Vorbild gebaut worden sein. Mag auch der Volksmund erst Kaiser Maximilian I. von Habsburg zu Beginn des 16. Jahrhunderts als den »letzten Ritter« bezeichnen, so starb in Wirklichkeit das echte Rittertum schon in den Jahren des Interregnums, der kaiserlosen Zeit. Nach dem Tod des letzten staufischen Königs 1254 war Deutschland nämlich zwei Jahrzehnte hindurch ohne Herrscher, bis 1273 Rudolf von Habsburg mit fester Hand die Zügel ergriff und wieder Recht und Ordnung im Reich herstellte.

Unter der Ritterschaft vollzog sich ein doppelter Wandel. Auf der einen Seite wurde die Ritterwürde mehr und mehr zum Ausdruck des Adels. Der »Ritteradel« schloß sich in Bünden und Gesellschaften zusammen. Neben den geistlichen Ritterorden, von denen noch ausführlich die Rede sein wird, entstanden höchst vornehme weltliche Ordensgemeinschaften wie etwa die »Ritter vom Goldenen Vlies«. Sogar vornehme Bürger versuchten sich als Ritter, und im 16. Jahrhundert wird geklagt, daß sich jeder Krämer zum Ritter schlagen lassen könne. Ein Teil der adeligen Ritter erreichte so hohes Ansehen, daß sie als »Reichsritter« unabhängig von Herren und Fürsten wurden und nur noch dem König selbst unterstanden.

Andererseits verlagerte sich aber das Schwergewicht vielfach nur allzu deutlich auf die oben geschilderte dunkle Seite. Wenn Honorius von Augsburg über den

Der Hoftag zu Mainz im Jahre 1184

Wegen der großen Menschenmenge, die zu diesem Fest herbeiströmte, hatte der Kaiser auf den Wiesen von Mainz auf dem rechten Rheinufer seine und aller Fremden Zelte aufschlagen und große Notbauten errichten lassen. Aus dem ganzen Reich nördlich der Alpen war zu diesem Hoftag eine solche Menge von Fürsten, Erzbischöfen, Bischöfen, Äbten, Herzögen, Markgrafen, Pfalzgrafen, Edelleuten und Dienstmannen erschienen, daß nach einer glaubwürdigen Schätzung siebzigtausend Ritter zugegen waren, wozu dann noch die Kleriker und Leute aus den verschiedensten Ständen kamen.

Am Pfingstmontag wurden Heinrich, König der Römer, und der Schwabenherzog Friedrich, beides Söhne des Kaisers Friedrich, zu Rittern geschlagen. Diese Ehrung veranlaßte diese, sowie alle Fürsten und viele Edelleute, den Rittern, Gefangenen, solchen, die das Kreuz genommen hatten, Spielleuten, Gauklern und Gauklerinnen reiche Geschenke zu übergeben: Pferde, kostbare Kleider, Gold und Silber.

Am Pfingstmontag und Pfingstdienstag begannen die Söhne des Kaisers nach dem Morgenmahl das Turnier, an dem sich schätzungsweise zwanzigtausend oder mehr Ritter beteiligten. Die Turniere wurden ohne eigentlichen Kampf abgehalten, die Ritter ergötzten sich bloß am Schild-, Lanzen- und Fahnenschwingen sowie an ihrer Reitkunst. Auch der Herr Kaiser tat mit, und wenn er auch in Größe und Schönheit nicht alle übertraf, so führte er doch seinen Schild am besten.

Was soll ich von der Fülle, ja dem Überfluß der Lebensmittel sagen, die hier aus aller Herren Ländern zusammengetragen waren: Die Menge ist kaum zu beschreiben. Da war ein Vorrat an Wein wie beim Gastmahl des Ahasverus, ohne Maß nach jedermanns Bedürfnis und Belieben wurde daraus geschöpft. Damit man sich aber von diesen Vorkehrungen eine Vorstellung machen kann, will ich von einer, der geringsten, erzählen. Es waren da zwei große, innen geräumige Häuser errichtet, überall mit Sitzstangen ausgerüstet, die vom Gipfel bis zum Fußboden so mit Hähnen und Hühnern angefüllt waren, daß niemand in sie einzudringen vermochte; das erregte allgemeine Verwunderung, denn man glaubte, daß es kaum auf der ganzen Welt so viele Hühner gebe.

Adel klagt: »Wenige sind gut, sie leben von der Beute, kleiden sich vom Raube, kaufen damit Güter und Lehen«, so zeigt dies deutlich, wie viele Ritter zu Unterdrückern derer wurden, die sie eigentlich hätten schützen sollen. »Die zur Verheerung der Verheerer Bestimmten wüteten wie die Wölfe und flogen daher wie die Raben«, heißt es auch in einer französischen Chronik. Die Ritter begannen nicht nur ihre eigenen Bauern auszuplündern, sondern legten sich in den Hinterhalt und griffen vorüberziehende Händler und Kaufleute an, nahmen ihnen ihre Güter ab und ließen sie selbst nur gegen hohes Lösegeld frei.

»Früher hörte man im Ritterspiel rufen: Heia, Ritter, seid froh! Jetzt schallt es durch die Lüfte: Jage, Ritter, jage, jage; stich, schlage, verstümmle den, schlagt mir dem den Fuß ab, den sollst du mir hängen, diesen reichen Mann fangen, der zahlt uns wohl hundert Pfund«, klagte etwa um 1280 der Bauer Helmbrecht in einer Dichtung von Wernher dem Gartenaere.

Schon König Rudolf von Habsburg versuchte, das Raubritterunwesen abzustellen: Einhundertsechsunddreißig Räuber ließ er gefangennehmen und hinrichten, ihre Burgen wurden zerstört. Auch die Städte griffen zur Selbsthilfe. Immer häufiger kam es zu Fehden zwischen Städten und Rittern. Oft vermochten allerdings die Städter gegen eine feste Burg nichts auszurichten; dann half nur Überrumpelung oder List. So fingen die Bürger von Hall, als sie gegen das Raubnest Klingenfels vorgehen wollten, einige Leute des Klingenfelsers, zogen deren Kleider an, drangen durch das arglos geöffnete Tor in die Burg ein und zerstörten sie.

Aber wir dürfen nicht hinter jeder Burgruine ein zerstörtes Raubritternest vermuten, denn viele Ritter lebten mehr schlecht als recht, einfachen Bauern gleich auf ihren armen Burgen.

Doch auch fürstliche Höfe hörten auf, Mittelpunkte wahren ritterlichen Lebens zu sein. Dort herrschten nun »Bubenwerk, Lotterleben, Nasenrümpfen, Übelreden«; »Narrenspringer, Klatschmäuler und Ohrenbläser, Schmatzer und Schmeichler« seien obenan, erfahren wir von mehreren Dichtern. Auch der einst so edle Minnedienst begann in läppische Spielerei auszuarten. Der am meisten berüchtigte Vertreter eines solchen »neumodischen« Minnedienstes war wohl Ulrich von Lichtenstein, der es im Erfinden immer neuer Albernheiten und in seiner Geltungssucht mit manchem modernen Filmstar aufnehmen könnte. Schon als Knappe trank er das Handwasser einer Dame, später als Ritter ließ er sich einen Finger abhacken und schickte ihn zwischen zwei goldenen Brettlein, zusammen mit einem Liebesbrief, eingewickelt seiner angebeteten Herrin. Einmal trat er zu Ehren eben dieser Dame in Frauenkleidern als Frau Venus auf und reiste so verkleidet von Venedig nach Böhmen, wobei er unterwegs die Ritter zum Speerstechen herausforderte.

Wie stark aber und wie tief verwurzelt in den besten Schichten des Volkes muß die Kraft echten Rittertums gewesen sein, daß sie trotz aller dunklen Wolken immer wieder, auch nach ihrem Niedergang, aufleuchten konnte, das ganze späte Mittelalter hindurch, bis das 16. Jahrhundert einen modernen Menschentypus prägte. Und spüren wir nicht einen Hauch des alten staufischen Ritterbildes, von Zucht und Ehre, Selbstbeherrschung, maßvollem Handeln, von Tapferkeit und Demut zugleich, auch dann noch, wenn wir in unserer, an Idealen so armen Zeit von ritterlicher Haltung und Ritterlichkeit sprechen?

Zehntausend Burgen

Die Burg und ihre Anlagen

Zehntausend Burgen soll es im Mittelalter allein im deutschen Sprachgebiet gegeben haben, etwa dreitausend lassen sich, mehr oder minder gut erhalten, heute noch nachweisen. Überall in Deutschland grüßen Burgen und Ruinen den Reisenden, der sie im Vorüberwandern oder -fahren oft mit einem freudigen Ausruf des Erstaunens begrüßt, der sich aber heute selten genug die Zeit nimmt, sie auch einmal zu besuchen. Doch auch hier gibt es Ausnahmen: Der Drachenfels am Rhein wurde zum Rummelplatz für Ausflügler und gilt heute als einer der meistbestiegenen Berge Deutschlands. Daneben aber träumen vergessene Burgen am Rhein und an der Mosel, in den Vogesen und in der Schwäbischen Alb, in Mitteldeutschland, in Österreich, der Schweiz oder Südtirol oder im alten Ordensland Ostpreußen von der großen Zeit des deutschen Mittelalters.

Diese zahlreichen Burgen gleichen sich keineswegs in allen ihren Einzelheiten. Aber bei näherer Untersuchung lassen sich doch einige einheitliche Bauelemente feststellen. Wer sich diese deutlich vor Augen hält, wird damit leicht die Burgen seiner engeren Heimat vergleichen und ihren Besonderheiten nachspüren können. Dann wird ihm vielleicht etwas auffallen, was ein berühmter Mann einmal den »Zuspruch des Feldweges« genannt hat: Die Steine werden auf einmal zu reden anfangen, und was bisher nur totes und zerfallenes Gemäuer war, wird ein ganz anderes Gesicht bekommen, wird vielleicht für ihn zur lebendigen Vergangenheit.

Selbst eine knappe Geschichte der deutschen Burg würde ein breites Kapitel dieses Buches füllen. Wir müßten erzählen von den großen germanischen Fliehburgen, die nicht als Wohnsitz für eine Familie oder einen Fürstenhof dienten, sondern dazu bestimmt waren, Tausenden von Menschen und ihrer beweglichen Habe in Kriegszeiten Schutz zu bieten. Wir müßten berichten von den Bischofsburgen, wie sie auf den Resten alter römischer Siedlungen

Die Marksburg am Rhein. Rekonstruktion einer Höhenburg, deren Kern aus romanischer Zeit stammt. Die Wehranlagen wurden dann nach und nach geschaffen.

errichtet wurden, von den fränkischen Königshöfen, die später unter Karl dem Großen nach dem Palatin in Rom, dem Wohnsitz der Kaiser, den Namen Pfalzen erhielten. Diese Pfalzen zu Aachen, zu Ingelheim oder an anderen Orten wurden zum Vorbild für die Königshöfe der sächsischen, salischen und staufischen Herrscher. Das Vorbild dieser festen Pfalzen aber fand Nachahmung bei Fürsten und einfachen Rittern.

Alle Burgen waren durch Natur oder Menschenhand gut geschützt. Nach ihrer Lage lassen sich deutlich zwei Arten unterscheiden, die Höhen- und die Wasserburgen.

Für eine Höhenburg suchte sich der Bauherr in seinem Gebiet einen Platz aus, der die Umgebung überragte. Die beliebteste Art war dabei die Gipfelburg auf einem Bergkegel oder Felsen, der möglichst noch steil abfallende Ränder aufwies, wie etwa der Hohentwiel bei Singen oder Hochosterwitz in Kärnten.

Auf solchen von der Natur geschützten Höhen konnten die Bewohner der Burg mit Recht hoffen, gegen eine Erstürmung weitgehend gesichert zu sein. Daneben gab es noch die Zungenburgen, die auf Landzungen lagen, wie sie etwa durch Flußschleifen oder von vorspringenden Bergen gebildet wurden. Solche Burgen, wie etwa die Wildenburg im Odenwald, konnten zwar von einer Seite her leichter erreicht werden. Ihre Zugänge mußten dann aber an dieser Stelle besonders gut geschützt werden. Meistens legten die Besitzer dort einen sogenannten Halsgraben an, der den Eingang gleichsam vom Zugang abschnitt. In den Ebenen aber, vor allem in Norddeutschland, wo ein natürlicher Schutz in dieser Form zumeist nicht vorhanden war, wählten die ritterlichen Bauherrn Inseln oder Halbinseln, sumpfiges Gelände oder Küstenvorsprünge als Plätze für ihre Burgen, die sie dann nach Bedarf sogar noch durch breite Wassergräben schützten. Zu den bekanntesten Wasserburgen gehören — heute allerdings nicht mehr im ursprünglichen Zustand — Vischering bei Lüdinghausen in Westfalen oder Veynau bei Euskirchen. Ein besonders schönes Beispiel bietet der Muiderslot in Holland, eine Backsteinburg aus dem 13. Jahrhundert.

Die Größe dieser Burgen schwankte zwischen kleinen, nur für die notwendigsten Bedürfnisse bestimmten Bauten, bis zu Anlagen, die mehrere hundert Meter lang sein konnten. So ist Burg Lichtenberg in der Pfalz etwa 360 Meter lang, die Marienburg im ehemaligen Ostpreußen 600 Meter, und Burghausen an der Salzach dehnt sich auf schmalem Bergkamm in sechs Abschnitten über 1100 Meter aus. Das dürften die stattlichsten Beispiele sein.

Die Glanzzeit der deutschen Burgen spiegelt sich auch in den phantasievollen Bildern der ritterlichen Dichter. So heißt es im »Parzival«, daß sich vierhundert und mehr Frauen in den Fenstern des Palas zeigten, und im »Wolfdietrich« ist sogar von fünfhundert Frauen und ebenso vielen Rittern in einem Saal die Rede. Aber wie diese Schilderungen erdacht sind und nichts anderes als Reichtum und Pracht symbolisieren sollten, so waren auch die kleinen, bescheidenen Burgen, die nur als Wohnsitz einer Familie und des zugehörigen Gesindes dienten, weit häufiger als die vereinzelt geschilderten stattlichen Beispiele.

Neben den zahlreichen Höhen- und Wasserburgen übersieht man übrigens

Bau einer Burganlage. Nach der Toggenburger Weltchronik aus dem Jahr 1411. Zimmerleute und Maurer arbeiten an den Wehranlagen, während im Vordergrund Ausschachtungsarbeiten ausgeführt werden.

dis ist als nuwer Pharao der kúng ward nach Josephs vn siner
brúder tod die Israhelsche lúit wgen wolt vnd si hies zwo stet
buwē waß lúit die gute rûbetet die úbel schlahe die zúge knecht
in phlegē ertrenckē et

meistens noch eine dritte, weit seltenere Art, die sogenannten Höhlenburgen, wie das Puxerloch in Kärnten oder Wiechenstein im Schweizer Rheintal. Hier wurden natürliche Höhlen, die genügend Platz für eine Wohnung boten, so durch Mauern abgeschlossen und befestigt, daß man sie im Falle einer Belagerung nur durch Aushungern bezwingen konnte. In diesen Höhlen mußte es keineswegs eng zugehen, ließe sich doch die Höhle von Burg Wiechenstein zu einer vierstöckigen Wohnung ausbauen!

Wer heute die oft steilen Wege zu Burgen oder Ruinen emporklettert, denkt kaum daran, daß dieser steile Pfad schon eine Sicherung für die Burgbesatzung darstellte, denn für schwergerüstete Feinde dürfte der Aufstieg noch mühsamer gewesen sein als für einen modernen Ausflügler. Diese Wege sind darüber hinaus meist so eng, daß sie höchstens für einen Reiter Raum boten und die Angreifer im Gänsemarsch hintereinander laufen mußten. Wenn man dann noch beachtet, daß der Pfad nach Möglichkeit immer links von der Burg vorbeiführte, so daß ihr die Ankommenden die rechte, vom Schild nicht gedeckte Körperseite zukehrten, kann man sich leicht vorstellen, daß sich den Verteidigern ein nicht zu unterschätzender Vorteil bot. Bei großen Burganlagen konnten die Zugänge dazu noch mehrfach gesperrt werden. So führte bei der Burg Hochosterwitz in Kärnten der Weg dreimal um die Burg herum.

Nur selten waren der Phantasie der Baumeister Grenzen gesetzt: Da führten die Wege über verdeckte Gräben, über hölzerne Stege, Treppen und Leitern oder durch schmale Engpässe. Wo heute Wälder dem Wanderer Schatten spenden, waren einst die Hänge völlig kahl oder höchstens mit dornigem Gestrüpp bepflanzt, das ein Weiterkommen erschwerte. Als besonders geeignet für die Verteidigung galten natürlich jene Burgen, die auf steilen Felskegeln erbaut, sturmfrei und damit nach der Meinung der Zeit auch uneinnehmbar schienen. Doch es lagen nicht alle Burgen so beneidenswert günstig, und die Burgherren mußten sich daher nach anderen Hindernissen umsehen, die ihnen eine Verteidigung erleichterten. Dazu gehörten die Gräben, von denen man, ihrem Zweck entsprechend, vier verschiedene Arten unterscheidet.

Da ist einmal der Halsgraben, der die Burg auf der Bergseite vom eigentlichen Bergmassiv trennte, dann der Ringgraben, wie er vor allem in der Ebene bei den Wasserburgen verwendet wurde und die ganze Burg umgab, der Torgraben, der unmittelbar den Zugang zu einem Tor versperrte, und schließlich der Abschnittsgraben, der innerhalb der Burgumfriedung noch einen getrennten Abschnitt herstellte und der sich am häufigsten zwischen der Vor- und der eigentlichen Hauptburg findet.

Burg Wildenberg im Odenwald. Rekonstruktion einer Zungenburg. Links der Hals-graben mit Zugbrücke, dahinter die nach dieser Seite verstärkte Ringmauer, rechts im Hintergrund der Palas.

Wer nach diesen Schwierigkeiten endlich vor die Burg selbst gelangte, stand vor einem neuen Hindernis, denn den Zugang zum Burgtor versperrte häufig noch eine Zugbrücke. Zumeist handelte es sich dabei um eine einfache Klapp-brücke, deren Ketten über Rollen im Torbogen liefen. Sie konnte leicht mit Hilfe eines Gegengewichts aufgezogen werden, das über oder unter dem Tor-weg angebracht war. Manchmal gab es neben der großen Brücke noch eine kleine, schmale, wie wir sie etwa heute noch gut erhalten in Heidenreichstein (Niederösterreich) finden, damit wegen einzelner Besucher nicht der ganze Mechanismus der großen Brücke in Gang gesetzt werden mußte.

Selbst heute noch blickt der moderne Besucher von Burgen oder Ruinen, der unmittelbar vor dem Tor steht, mit etwas gemischten Gefühlen zu jenem kleinen Erker über dem Tor hinauf, der im späten Mittelalter den eindeutigen Namen »Pechnase« erhielt. Dieser kleine Erker ist nach unten offen und hatte eine dreifache Aufgabe. Er diente einmal — ganz einfach — dazu, daß der Torwächter sich mit den Einlaßbegehrenden unterhalten und sie nach ihren Wünschen fragen konnte, ohne die schweren Torflügel öffnen zu müssen. Zum andern ließ sich durch diesen Erker ein Feuer löschen, das am Tor angelegt worden war. Bei Belagerungen aber goß man den Angreifern kochendes Wasser oder siedendes Pech über die Köpfe, eine wenig erfreuliche Dusche. Solche Pechnasen gab es übrigens nicht nur über dem Tor, sondern auch entlang der Mauer, an den Wehrgängen und an den Türmen. Allerdings darf man ihre Bedeutung nicht überschätzen, denn bei einem starken Angriff war die Wirkung verhältnismäßig gering.

Die Burgtore selbst wurden vielfach gar nicht so sehr mit weiteren Befestigungen versehen, wie man bei ihrer Bedeutung etwa annehmen könnte. Gewiß waren sie bei manchen Burgen durch Türme geschützt, wie etwa bei Burg Karlstein in Böhmen oder bei der Wartburg. Bei der weitaus größeren Zahl der Burgen fehlten solche Türme. Doch das nimmt bei einiger Überlegung nicht weiter wunder. Die Tore waren nämlich mit Eisen beschlagen und im Fall einer Belagerung noch von innen mit Balken oder Felsen verrammelt. Selbst wenn es dem Feind gelang, das erste Tor zu stürmen, stand er oft noch vor einem zweiten oder dritten. Wenn man daher Berichte über Belagerungen liest, fällt immer wieder auf, daß der Feind, falls ihm die erste unvermutete Überrumpelung mißlungen war, die Burg durch Aushungern oder Erstürmen der Ringmauern, nicht aber der Tore zu erobern suchte.

Aber hier läßt sich keine feste Regel aufstellen. Es gab Burgen, in denen man sich nicht darauf verließ, daß der Feind den Toren nicht allzuviel Beachtung schenken werde, und die im Gegenteil den Torbau besonders befestigt hatten. So ist das Tor der Trostburg in Tirol geradezu gespickt mit Schießscharten. Immer wieder fällt auf, daß die Tore für unsere modernen Begriffe verhältnismäßig eng waren. Wir dürfen dabei aber nicht übersehen, daß bis zum Ende des Mittelalters kaum mit einem Wagenverkehr gerechnet werden mußte, und so genügte eine Breite von zwei bis drei Meter. Eisenblech schützte vielfach die Torflügel außen gegen Stöße und Feuer, während innen nicht nur Schlösser und Riegel, sondern auch schwere Torbalken ein unerwünschtes Eindringen verhindern sollten. Wenn dabei auch zumeist ein Balken von etwa zehn Zentimeter Stärke genügte, der in einem Kanal in der Mauer zu beiden Seiten des Tores verschoben werden konnte, so gab es doch Tore, die bis zu zehn solcher Sicherungsbalken aufwiesen!

In manchen »historischen« Abenteuerfilmen oder -büchern lernt man auch Fallgitter kennen. Sie nehmen sich zwar sehr wirkungsvoll aus, in Wirklichkeit wiesen aber nur wenige Burgen solche Fallgitter auf. Bei den deutschen Burgen sind sie allem Anschein nach erst nach den Kreuzzügen aufgekommen. Voraussetzung dafür war ein Torbau. Im Fall eines Angriffes sollten die Gitter vor

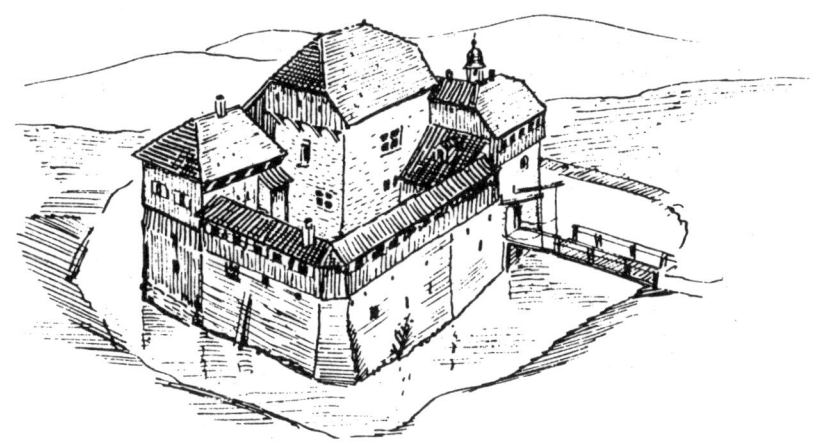

Hagenwyl (Thurgau). Rekonstruktion einer Wasserburg.

dem eigentlichen Tor heruntergelassen werden und dieses schützen. Waren die Feinde aber unvermutet bis zum Tor vorgedrungen, konnten die Verteidiger das Fallgitter auch hinter ihnen schließen und sie damit wie in einer Falle fangen. Die Harburg an der Wörnitz, Schloß Ellwangen oder Burg Reifenstein in Tirol zeigen in ihren Torbauten noch solche Fallgitter, die aus hölzernen, unten mit Eisen beschlagenen Pfählen bestanden.

Auch die dichterische Phantasie hat sich solcher Fallgitter und Türsicherungen bemächtigt. So erzählt Hartmann von Aue 1204 in seinem Epos »Iwein« von einer gefährlichen Falltür, die der Fremde durch unbedachte Schritte auslöst. Das Fallgitter stürzt nieder und hält ihn zwischen sich und einem weiteren Gitter gefangen. Im »Wigalois« des Wirnt von Grafenberg wird um die gleiche Zeit erzählt, das Tor der Burg Glois habe keine Fallbrücke gehabt, sondern sei von einer Sichelmaschine geschützt gewesen. Ein Wasserrad im Burggraben habe dort ein mächtiges, mit Messern besetztes Rad in Bewegung gesetzt. Man konnte nur zum Burgtor gelangen, wenn dieses Rad stillstand. Bei den meisten Burgen des Mittelalters fallen die starken Ringmauern auf, die von einfachen Bruchsteinen bis zu sorgfältig gehauenen Buckelquadern die verschiedensten Formen der Bearbeitung aufweisen, während ihre Dicke zwischen einem und fünf Meter schwankt. Ihre Höhe beträgt im Durchschnitt etwa drei bis vier Meter, sie konnten aber — besonders an Steilhängen — bis zu einer kleinen Brustwehr von etwa einem Meter zusammenschrumpfen.

Immer wieder staunt man heute über die Leistungen, die beim Bau solcher Mauern vollbracht wurden, mußten doch die Steine oft weit hergeschleppt und dann noch den steilen Burgberg hinauftransportiert werden.

Fast alle Mauern waren von Zinnen gekrönt, hinter denen die Verteidiger Schutz finden konnten, oder mit Schießscharten versehen. Hinter den Zinnen verlief ein schmaler Absatz, der aber nicht nur als Wehrgang im Falle eines Angriffs diente, sondern vielfach auch als alltäglicher Verbindungsweg für die Burgbewohner. In einem solchen Fall war dieser Absatz entsprechend breit gebaut, wie uns die gut erhaltene Burg Hohenklingen bei Schaffhausen zeigt. Die Ritter und ihre Angehörigen konnten bequem zu den verschiedenen Wohnräumen gelangen, die zumeist auf gleicher Höhe mit dem Mauergang lagen, während Knechte und Mägde in den Räumen zu ebener Erde ihrer Arbeit nachgingen.

Manche dieser Gänge waren auch überdacht und boten so im Fall eines Angriffs den Verteidigern einen gewissen Schutz. Damit diese aber nicht allein auf die Deckung hinter den zumeist etwa einen Meter breiten Zinnen angewiesen waren, sondern bei möglichst vollständigem Schutz des Körpers durch die Mauern nach außen schießen konnten, mußten entsprechende Schießscharten vorhanden sein. Aus deren mannigfachen Formen kann heute noch der aufmerksame Beobachter leicht Einzelheiten über Verwendung und Alter aussagen. Bildet eine Scharte nur einen schmalen, senkrechten Schlitz, dann diente sie für Armbrustschützen, die ihre Waffe nicht auflegen mußten; zur Erweiterung des Schußbereiches konnte dieser senkrechte Schlitz aber am oberen oder unteren Ende noch waagerecht durchschnitten sein. Schießscharten dagegen, die an ihrem unteren Ende stärker erweitert und oft noch mit einem waagrechten Holzstück als Auflage versehen sind, stammen aus späterer Zeit und dienten bereits für Pulvergewehre, die einer solchen festen Auflage bedurften, wenn man damit einigermaßen richtig zielen wollte.

Hinter den schützenden Mauern lagen dann die eigentlichen Wohngebäude der Burg. Fast immer fällt dem Besucher zuerst der hohe wehrhafte Turm ins Auge, der so fest gebaut war, daß sich seine Reste selbst bei den meisten verfallenen Burgruinen noch deutlich erkennen lassen, und den wir gewöhnlich Bergfried oder Berchfrit nennen. Über diesen Namen haben sich schon viele gelehrte Leute den Kopf zerbrochen und sind doch zu keinem befriedigenden Ergebnis gekommen, mit »Berg« oder »verbergen« hat er jedenfalls nichts zu tun.

Von der Spitze des Turmes aus beobachtete der Wächter das umliegende Land

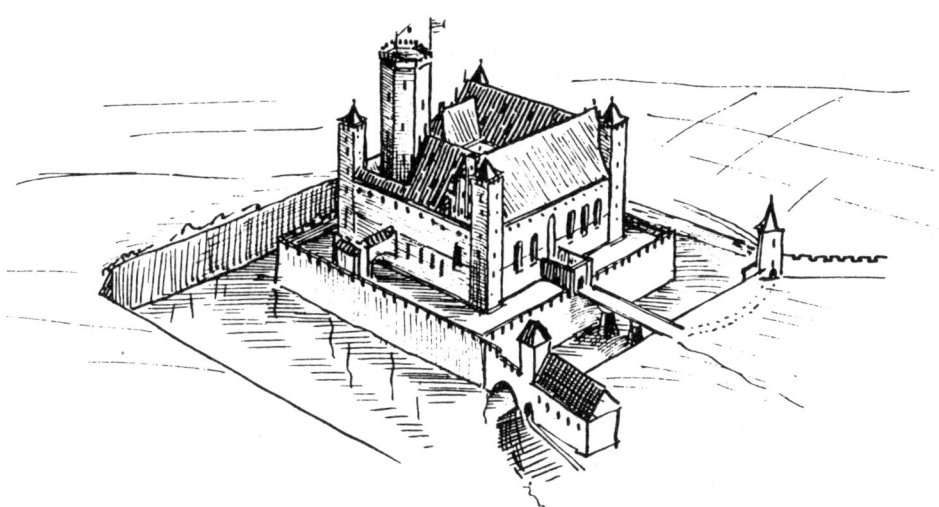

Rheden in Westpreußen. Rekonstruktion einer Deutschordensburg als Wasserburg.

und meldete Feind wie Freund, die sich der Burg näherten. Mit Zuruf oder Hornsignal benachrichtigte er dann den Torwächter und die Burgbewohner. Im Fall eines Kampfes konnten die Verteidiger vom Obergeschoß des Bergfriedes aus vorteilhaft in den Kampf eingreifen, da sich von hier aus ein sehr günstiges Schußfeld bot. Nicht selten aber wurde der Turm auch zur letzten Zufluchtsstätte der Belagerten, von wo aus sie verzweifelt ihren Kampf fortsetzten oder auf Entsatz und Hilfe warten konnten. Diesem dreifach wichtigen Zweck entsprach auch die ganze Anlage des Turmes. Rund oder eckig stand er vielfach — besonders in der älteren Zeit — frei innerhalb der Burgbefestigung. Im 13. und 14. Jahrhundert rückte er zumeist näher an oder sogar in die von Angriffen bedrohte Mauerseite. Seine Höhe betrug durchschnittlich etwa siebenundzwanzig, sein Durchmesser neun bis zehn Meter.

Wenn diese Türme sich auch keineswegs alle gleichen, so waren sie doch in ihren Grundzügen ähnlich angelegt. Da bei einem Rundturm die Innenräume schlechter aufgeteilt werden konnten, waren sie meist quadratisch mit einer Seitenlänge von etwa acht bis zehn Meter, aber es gab auch fünf- und sechseckige Türme. Auffallend ist, daß die Burgbewohner nicht zu ebener Erde in den Bergfried gelangen konnten, sondern erst eine kleine Kletterpartie unternehmen mußten; denn der Eingang lag bei fast allen Türmen etwa fünf Meter

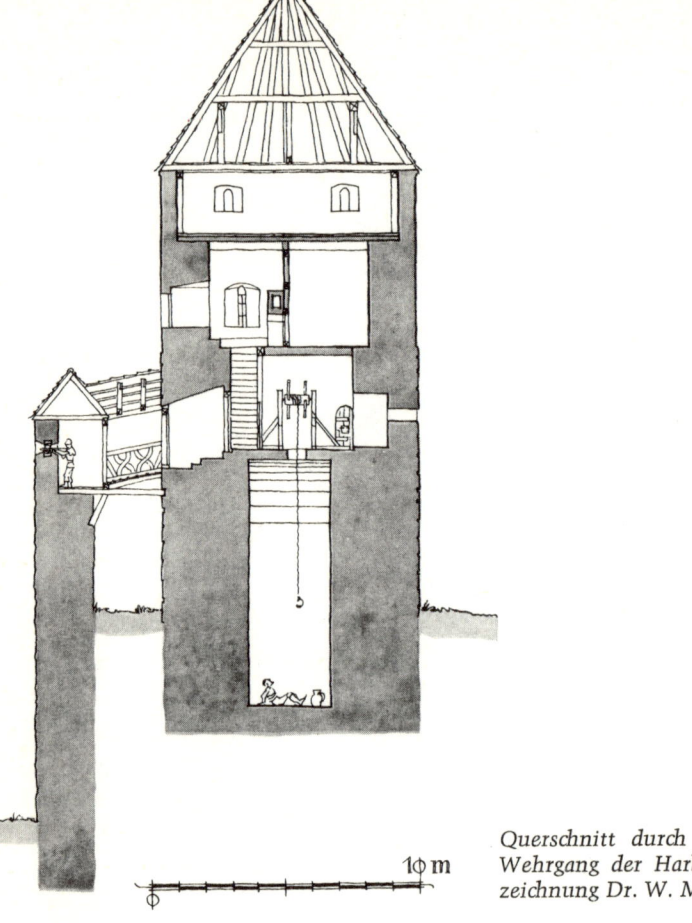

Querschnitt durch den Bergfried und Wehrgang der Harburg im Ries (Maß-zeichnung Dr. W. Meyer).

über dem Erdboden, bei vielen Burgen sogar noch höher, so in Eger etwa zehn, in Liebenegg bei Pforzheim sogar neunzehn Meter hoch. Seltener konnte man vom Wehrgang oder von einem der Gebäude aus zu dieser Tür gelangen, in den meisten Fällen haben die Burgbewohner wohl eine Leiter benutzt. Dies bot den Vorteil, daß sich der Aufstieg rasch entfernen ließ, wenn die Not es erforderte. Wer aber mühsam die Sprossen hinaufgestiegen war, mußte sich dann noch durch ein recht enges Einstiegsloch zwängen, das höchstens einem Mann in gebückter Haltung Durchschlupf gewährte. Immer ließ sich diese kleine Pforte noch mit einem oder mehreren Balkenriegeln verschließen. Leiter, Schlupfloch, Balken — somit war alles für die Sicherheit getan!

Durch die schmale Pforte gelangte man aber gleich in den ersten Stock des Turmes. Der darunterliegende unterste Raum, der also weder Tür noch Fenster aufwies, war nur durch ein kleines Einstiegsloch in der Decke zugänglich. Er diente, wie nicht anders zu erwarten, zumeist als Verlies. Die Gefangenen wurden an einem Seil hinabgelassen, Luft und Licht erhielten sie nur durch die Deckenluke, und selbst diese konnte durch eine Falltür verschlossen werden, so daß sie in völliger Dunkelheit leben mußten. Auf dem Boden häuften sich Schmutz und Kot, es gab Schlangen, Kröten und anderes Ungeziefer, nicht selten sickerte sogar das Grundwasser herein. Zur Nahrung ließen die Burgbewohner den armen Gefangenen ein Stück Brot und einen Krug Wasser hinab. Und doch mußten manche von ihnen Wochen und Monate, ja Jahre dort unten aushalten. So erzählt die Chronik von einem Herrn von Geroldseck, der zwei Jahre in einem Verlies der Burg Lützelhardt lag und den nach seiner Freilassung Frau und Sohn nicht mehr wiedererkannten.

Immerhin besaß dieses Verlies auch einen Vorteil. Ein Feind, der wider Erwarten doch durch die schmale Eingangspforte in den Turm hatte eindringen können, wurde nach Möglichkeit von den Verteidigern gepackt und ohne Aufenthalt gleich ein Stockwerk tiefer in sicheren Gewahrsam befördert. Manchmal fanden die Gefangenen auch ein besseres Quartier in den helleren oberen Räumen des Bergfrieds. Das Erdgeschoß aber bildete gelegentlich auch die Schatzkammer der Burg, wo Gold und Kostbarkeiten ganz besonders sicher lagen. »Ein Turm von rotem Golde voll«, heißt es schon im Nibelungenlied. Die oberen Räume des Bergfrieds standen manchmal leer, oft aber wurden sie als Wohnräume benutzt. Dann mußten sie aber genug Platz für den Burgherrn, seine Familie und die Besatzung bieten, um im Notfall als letzte Zufluchtsstätte dienen zu können. Meist bildete das zweite Stockwerk die Küche, wo man Speisen oder siedendes Pech bereitete; auch die Schlafstätten der Knechte befanden sich hier. Das dritte Stockwerk diente als Kemenate, das vierte als Festsaal und Aufenthaltsort der Männer. Im obersten Geschoß hauste der Turmwächter, der unbeweibt sein mußte, damit ihn niemand bei seinem wichtigen Amt stören konnte.

In Frankreich und England, vor allem im alten Herrschaftsbereich der Normannen, waren die Haupttürme der Burgen, die man dort »Donjons« nennt, zumeist noch mächtiger als in Deutschland, nämlich etwa zwanzig Meter breit und dreißig Meter hoch. Nach solchem normannischen Vorbild sind von einem französischen Baumeister die Haupttürme der Burg Karlstein in Böhmen erbaut, in der Kaiser Karl IV. des Reiches Krone und die Kleinodien aufbewahren ließ,

Rekonstruktion einer Toranlage mit Zugbrücke, links Inneres und rechts Äußeres.

bis sie in der Zeit der Hussitenkriege auf die Kaiserburg nach Nürnberg gebracht wurden.

Bei manchen Burgen bemühten sich ihre Erbauer, nach der Angriffsseite hin eine besonders starke Verteidigungsfront zu schaffen. Sie errichteten hier als Mittelding zwischen Turm und Ringmauer eine sogenannte Schildmauer. Vielleicht könnte man dieses merkwürdige Bauwerk auch mit einem in die Breite gezogenen Bergfried vergleichen, war es doch annähernd ebenso hoch wie der Turm, jedoch höchstens halb so stark, dafür aber etwa dreimal so breit; eine übergroße Mauer also, die innen hohl war und sich tatsächlich wie ein Schild schützend vor die Burg legte. Berneck im Schwarzwald bietet heute noch das schönste und am besten erhaltene Beispiel eines solchen Baues.

Gut geschützt von allen Seiten, lagen im Innern des Mauerringes die eigentlichen Wohngebäude. Oft war es nur ein einziger Bau, der Palas; bei den sogenannten Hofburgen, die als Hofhaltung eines Fürsten dienten und entsprechend ausgebaut waren, konnten aber auch, wie etwa bei der Wartburg, mehrere Gebäude für die verschiedensten Zwecke errichtet sein. Im Palas lagen die Wohn- und Schlafräume, zuweilen auch die Küche. Im ersten Stock aber befand sich der große Saal, der besonders in den Hofburgen prächtig ausgestattet war und von dem die Dichter oft mit begeisterten Worten schwärmten. Da erzählt der eine von der Decke aus Zedernholz, der andere vom Fußboden aus grünem

Marmor, ein dritter geht sogar so weit, daß er von einem Palas berichtet, der, aus wasserhellem Kristall erbaut, von allen Seiten wunderbar anzusehen war. Sind das auch Produkte dichterischer Phantasie, so wetteiferten die Künstler doch, die Wände des Saales mit Figuren, Ornamenten, Blumen und manchen anderen Bildern zu schmücken. Da gab es biblische Szenen, wie etwa Davids Kampf gegen Absalom, oder die Abenteuer Alexanders, und galoppierende Ritter waren genauso zu finden wie die Gestalten der Heiligen. Solche Bilder kann man heute noch in völliger Frische und Schönheit auf der Burg Runkelstein in Südtirol bewundern.

Um die Säle prächtig ausstatten zu können, wurden kunstfertige Handwerker oft von weit her, manchmal sogar aus dem Ausland geholt. In großen Fürstenburgen oder königlichen Pfalzen führten weit ausholende Freitreppen oder Rampen zum Saaleingang des Palas hinauf. Doch nicht überall ging es so vornehm zu, und das Bescheidene dürfte eher die Regel gewesen sein.

Galt der Saal als das Reich des Burgherren, wo sich die Ritter zusammenfanden, so gehörte die Kemenate den Frauen. Wie schon der Name sagt, handelte es sich um einen Raum mit einer Feuerstätte, einem Kamin, oder bei großen Burgen um einen eigenen Wohnbau, in dem sich das eigentliche Familienleben abspielte. Später hießen die Frauengemächer so, aber auch allgemein die Wohn- und Schlafräume der Burgherrschaft, und schließlich auch die Gastzimmer neben oder über dem großen Saal des Palas. In kleinen Burgen gehörte die Kemenate mit zum Wohnbau des Palas, in großen konnte sie in eigenen Gebäuden liegen. So schildert das Nibelungenlied die Kemenate Kriemhilds in der Burg zu Worms als ein besonderes Gebäude.

Nur in den wenigsten Burgen fehlte eine Kapelle, wo möglichst regelmäßig die Messe gelesen wurde. In größeren Burgen gab es sogar eigene »Burgpfaffen«, denen die geistliche Betreuung der Burgbewohner oblag. In kleinen Burgen diente oft nur ein Nebenraum mit einem einfachen Altar und ein paar Wandmalereien für den Gottesdienst; große Burgen dagegen verfügten über prächtige Kapellen, deren schönstes Beispiel wohl die berühmte Doppelkapelle auf der Burg zu Nürnberg ist.

Im Fall einer Belagerung mußten die Burgbewohner nicht nur ausreichend geschützt und mit den nötigen Vorräten versorgt sein, sondern sie durften auch keinen Wassermangel leiden. So richteten die Burgherren ihr besonderes Augenmerk auf die Anlage eines guten Brunnens und verwandten viel Arbeitszeit und Geld darauf. Der Brunnen auf der Burg zu Nürnberg ist siebzig Meter tief und galt für seine Zeit als eine bewundernswerte technische Leistung; der

Brunnen auf der Harburg an der Wörnitz soll einhundertachtundzwanzig Meter tief sein. Von einigen so tiefen Brunnen wird erzählt, daß ihre Anlage ebensoviel gekostet habe wie der ganze übrige Burgbau. Fachleute nennen eine solche Feststellung nicht einmal übertrieben, weiß man doch, daß zum Beispiel der erst um 1600 erbaute Brunnen auf Homburg bei Fritzlar fünfundzwanzigtausend Gulden gekostet hat. Unter solchen Umständen verzichtete mancher ärmere Ritter auf die Anlage eines Brunnens und begnügte sich mit dem Bau einer Zisterne, die das Regenwasser, das damals als besonders gesund galt, für den Notfall aufspeicherte.

Natürlich war es auch nicht einfach, die Brunnen zu reinigen und sauberzuhalten. So wird vom Brunnen der Nürnberger Burg berichtet, daß 1467 ein Maurer mit drei Pferden und drei Gesellen acht Stunden lang arbeitete, um ihn trocken zu schöpfen und zu reinigen. Dabei war die ganze Mühe im wahrsten Sinne des Wortes für die Katz; denn die Reinigung mußte kurz danach wiederholt werden, da eine Katze in den Brunnen gefallen war.

Es gab auch Brunnen, die außerhalb der eigentlichen Burg lagen und die dann zumeist durch einen eigenen Turm oder eine eigene Befestigung geschützt wurden. Das Wasser floß in Röhren zur Burg, oder es wurde durch einen unterirdischen Gang geleitet.

Unterirdische Gänge gehörten oft zur Burgbefestigung. Durch sie ließ sich während einer Belagerung der Verkehr mit der Außenwelt im Rücken der Belagerer aufrechterhalten, und im Notfall dienten sie der Besatzung als Fluchtweg. Aber grundsätzlich darf man wohl die vielen Sagen, die meist unheimliche Dinge von solchen unterirdischen Gängen zu berichten wissen, doch mit Mißtrauen betrachten; denn wenn diese so häufig gewesen wären, hätten es die Ritter ja recht leicht gehabt, bei einer Belagerung zu entkommen. Davon erfahren wir aber nur ganz selten einmal aus einer Chronik. Merkwürdig ist auch, daß man in Ruinen so oft den Eingang von solchen Gängen zeigt, aber nicht weiß, wohin sie eigentlich führen. Wahrscheinlich dürfte es sich dabei in den meisten Fällen um einen natürlichen Felsspalt oder eine verschüttete Zisterne handeln.

Häufiger als Gänge gab es aber auf den Burgen geheime unterirdische Räume, die dazu dienten, Menschen oder bewegliche Habe zu verbergen. So bildet auf Burg Wildenstein in der Kapelle die Stufe vor dem Altar eine Falltür, durch die man auf einer langen Leiter in ein unterirdisches Gemach hinabsteigt, das auch hier die Überlieferung mit einem verschütteten Gang in Verbindung bringt. Auch versteckte enge Wendeltreppen, die in kleine Gemächer

Schießscharte für Armbrust, rechts für Pulvergewehr der späteren Zeit.

führten, waren sehr beliebt, und schließlich konnten solche unterirdischen Räume auch als Gefängnisse dienen. Daß es den Gefangenen hier auch nicht besser ging als in den Verliesen des Bergfrieds, ist durchaus verständlich; im Gegenteil, wie das Beispiel des Verlieses von Dhaun (bei Saarbrücken) zeigt, waren sie oft noch in den engen finsteren Kammern mit eisernen Krampen an die Wand gefesselt.

Die Schilderung einer Burganlage wäre unvollständig, wollte man nicht auch den Garten erwähnen. Wenn es irgendwie anging, pflanzten die Burgbewohner auf einem kleinen Fleckchen ein paar Blumen oder Kräuter. Fand sich überhaupt kein Platz, konnte so ein Garten auch noch vor der eigentlichen Mauer angelegt werden.

Drei Jahrhunderte, vom elften bis zum dreizehnten, dauerte die Glanzzeit des deutschen Burgenbaues, das vierzehnte Jahrhundert leitet schon den Niedergang ein. Zwar entstehen noch so prächtige Bauten wie der Pfalzgrafenstein bei Kaub oder Burg Karlstein in Böhmen, aber die Zeit hat sich trotzdem gewandelt. Es sind nicht nur die Erfindungen des Pulvers und die Verwendung von Geschützen, die das Gefühl der Sicherheit hinter starken Mauern und auf einem hohen Berg illusorisch machen, es sind andere, tiefere Gründe. Die Glanzzeit des Rittertums ist vorüber. Aus den Burgen werden Festungen oder Schlösser. Kein Dichter besingt mehr Freude und Glanz eines ritterlichen Festes, und nicht mehr die Burg beherrscht das Leben, sondern die Stadt.

Gemütlich war es nur im Sommer

Wohnung und Einrichtung

Darf ich zu einem Rundgang durch die Wohnräume einer Burg einladen? Es gibt sicher viel zu sehen. Wir beginnen am besten mit dem vornehmsten Raum, denn da läßt sich am meisten bewundern, und sicher freut sich der Burgherr, wenn wir seine Einrichtung entsprechend loben: Also auf in den Rittersaal, dessen Bedeutung wir ja schon kennengelernt haben!

Wir wissen bereits, daß die Wände des Saales häufig mit Gemälden geschmückt waren. Heute werden aber wohl vornehme Gäste erwartet, denn an die Wände sind Gestelle gerückt, an denen kostbare Teppiche hängen. Einige Stücke haben die Damen selbst mit Tieren und Figuren aus Ritterromanen bestickt. Ein angenehmer Duft liegt im Raum, sicher wurden die Teppiche parfümiert. Auch der Fußboden ist mit Teppichen belegt, der Burgherr hat sie aus Limoges in Frankreich bezogen. Aber welche Nachlässigkeit! Da liegen ja Blumen auf den Teppichen, wenn die zertreten werden, dürfte es Flecken geben. Doch das scheint nicht zu stören, denn das Blumenstreuen fehlt bei keinem ritterlichen Fest. An den Wänden sind noch die Schilde des Burgherren und seiner Gefolgsleute aufgehängt, ihre bunten Farben beleben das Bild des Saales.

Nach Tischen und Stühlen aber suchen wir vergeblich. Die Tische werden erst hereingetragen, wenn das Mahl schon bereitet ist. Dann bringen die Diener Schragen, kreuzweis verschränkte Untergestelle, auf die sie eine Platte auflegen. Nach dem Essen werden die Tische wieder hinausgebracht. Auch hölzerne Stühle und Bänke finden wir nur zu den Mahlzeiten im Saal. Sie sind nicht gepolstert und mögen daher auch nicht sehr bequem sein; so belegt man sie meist mit Federkissen. Dort drüben aber steht ein Faltstuhl, wie er nur vornehmen Herren als Sitz dient. Er ist eigentlich nichts anderes als ein zusammenklappbarer Feldstuhl ohne Lehne, aber mit prächtig geschnitzten Armstützen, die Tierköpfe darstellen. An Stelle des Sitzbrettes ist ein Leder gespannt, aber auch darauf liegt ein weiches Polster. Aus diesem Faltstuhl, den die Franzosen Faudestuel nannten, entwickelte sich unser modernes Fauteuil, der Polsterstuhl!

In einer anderen Ecke finden wir das »Sofa« der ritterlichen Zeit, das sogenannte Spannbett. Es ist eine Art Bank mit ebenfalls reich verzierten Füßen und Querleisten. Dazwischen ist aber an Stelle eines Sitzbrettes oder mehrerer Sitzleisten ein elastischer Sitz aus Strickwerk angebracht, indem an den beiden äußeren Querleisten parallel zu den langen Seiten der Bank durch starke Ringe Stricke gespannt wurden. Das ergab eine Art elastischer Matratze, die in ihrer bequemen nachgiebigen Art unserer modernen Drahtmatratze nicht viel nachsteht. Ein paar Federkissen und über das Ganze noch eine schön gesteppte Decke — und fertig ist das Sofa, das tagsüber als Sitz- oder auch als Liegeplatz dient und auf dem abends auch geschlafen wird.

Doch es war auch durchaus üblich, daß man auf den Fußteppichen ein paar Kissen ausbreitete und sich so einen niedrigen, aber bequemen Ruheplatz schuf. Waren diese Kissen mit Federn gefüllt, so wurden sie plumit genannt, bestand die Füllung aber aus Wolle oder Haaren, dann hießen sie matraz.

Es ist nicht allzu warm im Saal, denn durch die Fensteröffnungen weht ein kühler Luftzug herein. Glas gab es ja zumeist noch nicht; wenn auch Glasscheiben für Kirchenfenster Verwendung fanden, so wurden sie in Privathäusern erst gegen Ende des 12. Jahrhunderts angebracht und galten lange als besonderer Luxus. Ärmere Burgbesitzer waren also auf die Fensterläden angewiesen und konnten in der kälteren Jahreszeit wählen, ob sie frieren oder lieber bei geschlossenen Läden und künstlichem Licht sitzen wollten.

Wollen wir einen Blick hinauswerfen, so müssen wir nicht ans, sondern ins Fenster treten, denn die Fensteröffnungen sind in kleinen Nischen angebracht, zu denen man auf ein paar Stufen vom Saal aus hinaufsteigen muß. In diesen Nischen gibt es kleine Steinbänke, die im Sommer einen beliebten Ruheplatz bilden.

Im Winter aber war der Aufenthalt im Saal wie auch in den übrigen Wohnräumen der Burg höchst unbequem. Kein Wunder, daß wir bei den Dichtern so häufig auf Klagen über den herannahenden Winter stoßen. Ein Blick in den Saal bestätigt das nur. Da taucht nämlich gleich die Frage auf, ob ein einziger Kamin überhaupt einen so großen Raum heizen kann. Dieser Kamin war noch dazu meist an die äußere Mauer angelegt, so daß er bei ungenügender Heizung rasch erkalten mußte. Der Burgherr und die vornehmen Gäste saßen im Winter unmittelbar beim wärmenden Feuer. Wer nicht so hoch im Rang stand, konnte

Spannbett. Miniatur aus dem Hortus deliciarum der Herrad von Landsberg um 1190.

auch keinen Ehrenplatz erhalten, saß schon etwas weiter weg und tat besser daran, seine niedere Stellung mit warmen Kleidern auszugleichen!

Bei den so häufig geschlossenen Fensterläden mußte natürlich für eine günstige Beleuchtung gesorgt werden. In unserem Rittersaal können wir einen prächtigen Kronleuchter bewundern, der von der Decke herabhängt. Er besteht aus einem großen eisernen Reifen — so reich ist der Burgherr nicht, daß er sich wie die Könige einen silbernen leisten kann —, an dessen oberen Rand kleine metallene Dorne angebracht sind, auf die dann die Kerzen gesteckt werden. Damit das Wachs nicht den Gästen auf die Köpfe tropft, wird es unter jedem Dorn durch ein kleines Tellerchen aufgefangen. Dieser Leuchter ist bereits ein recht vornehmes Stück. Es gibt genug Burgen, die nur über ein einfaches Holzkreuz verfügen, das waagrecht von der Decke herunterhängt und auf dem die Lichter aufgesteckt werden, die man aus Wachs oder Talg herstellt.

An den Wänden sehen wir noch Ringe, die dafür bestimmt sind, Fackeln aufzunehmen. Der Burgherr liebt sie nicht sonderlich, da ihr Qualm die Wandgemälde und Teppiche verräuchert und rasch unansehnlich macht. Lieber läßt er kleine Kerzenleuchter auf die Tafel stellen.

Schema einer mittelalterlichen Burg.

1   Bergfried
2   Palas
3   Wehrmauer
4   Wehrgang mit Zinnen
5   Schießscharten am Wehrgang (6)
7   Pechnase
8   Mauerturm
9   Torturm
10 Flankenturm
11 Streichwehr (erkerartiger Aufsatz
    mit Schießscharten)

12 Schalenturm (nach innen offen)
13 Halsgraben
14 Torgraben mit Fallbrücke (15)
    zum Burgtor (16)
17 Burgweg
18 Zwinger mit Torhaus (19)
20 Brunnen
21 Heizung
22 Burgkapelle
23 Nebenbauten

Vom Saal aus gehen wir in die eigentlichen Wohn- und Schlafzimmer der Familie des Burgherrn, die Kemenaten. Bevor wir eintreten, müssen wir höflich den Klopfring an der Tür anschlagen, so erfordert es die gute Sitte. Die Katzen hatten es da einfacher, für sie sind unten an den Türen kleine Öffnungen ausgesägt, damit sie rasch und ungehindert jederzeit Zutritt zum Zimmer finden. Hier ist es wesentlich wohnlicher als im großen Saal. Die Wände sind ebenfalls mit Malereien geschmückt, auf dem Fußboden liegt auch hier ein Teppich, ein Tisch und Stühle bilden die Einrichtung. Am meisten fällt das große Bett auf, in dem der Burgherr und seine Gemahlin zu schlafen pflegen. Es ist ähnlich hergerichtet wie das Spannbett im Saal, nur liegt noch eine pelzgefütterte Decke über den mit Seidenstoffen bezogenen Betten. Auch hier zeigt sich wieder der Reichtum des Burgherren, denn nicht überall sind die Betten so bequem ausgestattet. Es gab genug Ritter, die auf einer Schütte Stroh schlafen mußten und nur ganz einfaches Bettzeug besaßen. Vor dem Fußende des Bettes stehen zwei große Truhen, eine aus einfachem Holz, die andere mit sehr schönen Beschlägen. Hier bewahrt die Familie ihre Kleider und die Kostbarkeiten auf. Schränke, wie wir sie gewohnt sind, gab es in der ritterlichen Zeit nicht.

Es lohnt sich kaum, einen Blick in die anderen Kammern zu werfen; dort schlafen die Kinder und die Jungfrauen, die der Burgherrin aufwarten. Aber vielleicht gehen wir einmal hinunter und sehen uns noch die Küche an. Welcher Unterschied zu dem modernen hellen Reich der Hausfrau, wie wir es heute gewohnt sind! In der Mitte des verhältnismäßig kleinen Raumes erhebt sich der große offene Herd. Die Holzscheite, die man zum Heizen braucht, ruhen auf Feuerböcken, der Rauch des Feuers wird vom Herdmantel aufgenommen und durch den großen Schornstein hinausgeleitet. An einer Kette hängt über dem Feuer ein Kessel, in dem wohl gerade Suppe gekocht werden soll, denn der Koch hat eben mit Hilfe von Stahl, Feuerstein und Zunder die Scheite angezündet. Einer der Küchenjungen rückt den Spieß zurecht, denn das Fleisch wird immer am Spieß gebraten. In einer Ecke steht ein Tisch, an dem die Mägde das Gemüse putzen. Auf den Regalen an den Wänden können wir inzwischen den Hausrat näher betrachten. Da finden wir Kannen, Kessel und Pfannen, Kübel und Krüge, Schüsseln, Löffel, das Salzfaß, die Pfeffermühle und den Mörser. Drüben hängen Bratspieße, Feuerhaken und große dreizinkige Gabeln. Fleisch, Brot und das feine Gewürz lagern in der Speisekammer.

Nach den sanitären Anlagen wollen wir uns lieber nicht erkundigen, denn sie entsprechen so gar nicht unseren modernen Auffassungen. Meist sind es

Leben auf einer Burg

Die Leute, von denen wir unseren Unterhalt beziehen, sind ganz arme Bauern, denen wir unsere Äcker, Weinberge, Wiesen und Felder verpachten. Der Ertrag daraus ist im Verhältnis zu den darauf verwandten Mühen sehr gering, aber man sorgt und plagt sich, daß er möglichst groß werde; denn wir müssen äußerst umsichtige Wirtschafter sein. Wir dienen dann auch einem Fürsten, von dem wir Schutz erhoffen. Tue ich das nicht, so glaubt jeder, er dürfe sich alles und jedes gegen mich erlauben. Aber auch für den Fürstendiener ist diese Hoffnung Tag für Tag mit Gefahr und Furcht verbunden. Denn so wie ich nur einen Fuß aus dem Haus setze, droht Gefahr, daß ich auf Leute stoße, mit denen der Fürst Spähne und Fehden hat und die mich anfallen und gefangen wegführen. Habe ich Pech, so kann ich die Hälfte meines Vermögens als Lösegeld darangeben, und so wendet sich mir der erhoffte Schutz ins Gegenteil. Wir halten uns deshalb Pferde und kaufen uns Waffen, umgeben uns auch mit einer zahlreichen Gefolgschaft, was alles ein schweres Geld kostet. Dabei können wir dann keine zwei Äcker lang unbewaffnet gehen. Wir dürfen keinen Bauernhof ohne Waffen besuchen, bei Jagd und Fischfang müssen wir eisengepanzert sein.

Gleichgültig, ob eine Burg auf einem Berg oder in der Ebene steht, so ist sie auf jeden Fall doch nicht für die Behaglichkeit, sondern zur Wehr erbaut, mit Gräben und Wall umgeben, innen von bedrückender Enge, zusammengepfercht mit Vieh- und Pferdeställen, Dunkelkammern vollgepfropft mit schweren Büchsen, Pech, Schwefel und allen übrigen Waffen und Kriegsgerät. Überall stinkt das Schießpulver, und der Duft der Hunde und ihres Unrates ist auch nicht lieblicher, wie ich meine. Reiter kommen und gehen, darunter Räuber, Diebe und Wegelagerer, da unsere Häuser meist allem möglichen Volk offenstehen und wir den einzelnen nicht genauer kennen oder uns auch um ihn nicht sonderlich kümmern. Und welch ein Lärm! Da blöken die Schafe, brüllt das Rind, bellen die Hunde, auf dem Felde schreien die Arbeiter, die Wagen und Karren knarren, und bei uns zu Hause hört man auch die Wölfe heulen.

Jeden Tag kümmert und sorgt man sich um den folgenden, immer ist man in Bewegung, immer in Unruhe. Da müßten die Äcker umgegraben und wieder umgegraben werden, ist in den Weinbergen zu arbeiten. Bäume muß man setzen, Wiesen bewässern, Schollen brechen, säen, düngen, das Getreide schneiden, dreschen; nun ist die Zeit der Ernte, nun wieder Weinlese. Ist es dann ein schlechtes Jahr, wie es in unserer unfruchtbaren Gegend nur zu oft der Fall ist, dann herrscht furchtbare Not.

kleine offene Erker, die unmittelbar in den Burggraben münden; daß man sich dabei die Luft verpestete, wurde merkwürdigerweise kaum beachtet.

Wir gehen lieber daran und an der Badestube vorbei durch ein Türlein, um zum Abschluß unseres Rundgangs noch einen Blick in den Burggarten zu werfen, denn er fehlt hier so wenig wie bei fast allen anderen Burgen. Im Sommer ist er ein beliebter Aufenthalt für den Burgherrn und seine Familie, die alle froh sind, aus den engen und vielfach so unbequemen Räumen der Burg herauszukommen. Der Burgherr hat hier einige schöne Lauben errichten lassen, und je nach der Jahreszeit blühen all die Blumen, von denen auch die Dichter berichten: weiße Lilien, Zeitlose, Veilchen, Wegeblumen, Begonien, Rosen, Rauten und manche andere. Auch einen Gemüsegarten gibt es mit Kräutern wie Salbei, Petersilie, Fenchel, Schöllkraut, mit Kohl und Rüben, Schnittlauch, Senf, Zwiebeln und Porree, dazu die Obstbäume, wie wir sie heute auch kennen, so daß für Küche und Keller zur Genüge gesorgt ist.

Den Bewohnern der Burg sind wir bei unserem Rundgang kaum begegnet. Von ihrem Alltag werden wir in einem der folgenden Kapitel hören. Aber wir sollten sie doch einmal im Zusammenhang mit den Räumen und der Einrichtung der Burgen sehen, das heißt, wir sollten uns einmal vorstellen, wie es gewesen sein mag, wenn eine große Familie gemeinsam mit dem oft zahlreichen Gesinde, das den Burgherrn ja kaum mehr kostete als das Essen, auf so einer kleinen Burg zusammenlebte. Die räumliche Enge konnte zu Reibereien und persönlichen Belastungen führen. Wahrscheinlich trug dieser Umstand viel zum Ausbau der komplizierten Gesellschaftsordnung im Hause, mit ihrer genauen Abstufung der Plätze am Kamin und an der Tafel, bei.

Am schlimmsten war es wohl in den sogenannten Ganerbenburgen. Öfter kam es nämlich vor, daß eine Burg als Erbe an mehrere Söhne aufgeteilt wurde und diese mit ihren Familien dann gemeinsam das Erbteil bewohnten, wie das etwa in der bekannten Burg Eltz an der Mosel der Fall war. Solange die Burg groß genug war, um innerhalb der Ummauerung Platz für mehrere Wohnbauten zu bieten, mochte es noch angehen. Schlimmer war es schon, wenn etwa die Küche oder andere Räume gemeinsam benutzt werden mußten, und sich dann statt der Küchenjungen, von denen oben die Rede war, ein halbes Dutzend Frauen um die Plätze am Herd stritten. Wie es auf einer solchen Burg zuging, hat uns ungemein anschaulich der Ritter Ulrich von Hutten überliefert. Wenn sein Bericht auch erst aus dem beginnenden 16. Jahrhundert stammt, so dürfte sich doch kaum ein großer Unterschied zu den vorangegangenen Jahrhunderten ergeben.

Pfeffer im Wein

Von Speisen und Getränken

»Viele Ritter ziehen lieber zu Wettkämpfen und Gelagen als zum Kriege aus, sie tragen statt des Schmuckes Weinschläuche, schwingen statt der Lanze Bratspieße«, sagt ein Chronist — und macht uns damit nicht nur eben diese vielen Ritter sympathisch, sondern beweist zugleich auch, daß Speisen und Tafelfreuden im Mittelalter hochgeschätzt waren.

Ein Blick auf die Speisekarte zeigt, daß man damals so ziemlich alle Grundnahrungsmittel verwendete, die auch heute bei uns auf den Tisch kommen, mit einer Ausnahme — der Kartoffel, die erst vier Jahrhunderte später in Europa bekannt werden sollte. Von den Fleischsorten war Rindfleisch nicht gerade beliebt, um so mehr aber Schweinefleisch, besonders fettes, und natürlich auch Schaf- und Hammelfleisch. Da ein großer Teil des Viehbestandes alljährlich zu Beginn der kalten Jahreszeit geschlachtet werden mußte, gab es den ganzen Winter über zumeist Dörr- und Rauchfleisch. Kein Wunder, daß gerade die ritterliche Gesellschaft das frisch gejagte Wild vorzog und Hirsch- und Rehbraten, aber auch Wildschwein und Hasen bei jeder sich bietenden Gelegenheit gern verzehrte.

Eine sehr wichtige Rolle auf dem Speisezettel spielte das Geflügel. Gänse- und Taubenbraten werden erwähnt; großer Beliebtheit aber erfreuen sich die Hühner, die am Spieß gebraten, mit Pfeffersoße serviert oder zu Pastetchen verarbeitet wurden. Auch der Kapaun, mit Nelkensoße serviert, nimmt eine bevorzugte Stellung auf der Speisekarte ein. Zu den zahmen Bewohnern des Geflügelhofes gesellten sich auch die zahlreichen Arten von Wildvögeln, von denen wir heute eine ganze Anzahl nicht mehr zu verspeisen pflegen. Damals aber gehörten zum wohlbesetzten Tisch Fasane genauso wie Schwäne oder Reiher, Wildenten, Regenpfeifer, Störche, Raben, Rohrdommeln oder Haubenlerchen.

Als Leckerbissen ersten Ranges galt — wir sagen heute merkwürdigerweise —

der doch recht zähe Pfau. An der Tafel der Vornehmen spielte er überhaupt eine ganz besondere Rolle. Es hing wohl damit zusammen, daß ihm eine gewisse magisch-religiöse Bedeutung zugeschrieben wurde. Schon bei den frühen Christen galt er als der »Paradiesvogel« und Symbol der Unsterblichkeit. So begegnen wir dem Pfauenbraten als Mittelpunkt der höfischen Tafel in der ritterlichen Sage ebenso wie in der Wirklichkeit. Von dem sagenhaften König Arthus in Britannien wird erzählt, er habe den Pfauenbraten so kunstvoll zerlegen können, daß er für hundertfünfzig Gäste reichte. Diese Behauptung spricht zwar gegen die Größe der Portionen, jedoch für die Tatsache, daß es mehr auf den symbolischen Genuß eines kleinen Stückchens ankam.

Wenn vor allem in Frankreich der Ehrengast die Gefiederhaube abhob, mit der die Köche den Braten kunstvoll und dekorativ bedeckt hatten, dann hielt er häufig eine Tischrede dazu oder legte sogar ein besonderes Gelübde ab. Etwa, daß er sich seinen Bart und seine Locken nicht mehr stutzen wolle, bis er für seine Dame oder seinen Lehensherrn eine besonders kühne Tat vollbracht habe. Wenn ein normannischer Ritter einmal schwur, daß er weder Schwangere noch Kinder, weder Kloster noch Altar, weder Freunde noch Verwandte schonen wolle, um seinem englischen König zu dienen, kann man bei einem solchen — im übrigen in dieser Art gar nicht einmal so seltenen — Pfauenschwur, der die ritterlichen Gelübde in das Gegenteil umkehrte, nur annehmen, daß der Braten sehr spät auf die Tafel kam und die Herren inzwischen schon zu tief in den Becher geblickt hatten.

Seit etwa 1400 trat an die Stelle des »Pfauengelübdes« das »Fasanengelübde«, was wohl damit zusammenhing, daß dieser Vogel doch wesentlich besser schmeckte und deshalb an der Tafel bevorzugt wurde. Es kam sogar vor, daß der Pfau nur noch aus Kuchenteig nachgebildet und mit Federn besteckt wurde. In einer Zeit, da die Kirche streng auf die Einhaltung der Festtage achtete und diese weit zahlreicher waren als heute, kam auch Fischen eine sehr große Bedeutung zu. Aus dem Nordseegebiet bezog man die Heringe, aus den heimischen Gewässern Salm, Forelle, Hecht und manche andere. Bei den Ärmeren überwog wohl der Salzhering und der getrocknete Stock- oder Klippfisch, der aus Skandinavien eingeführt wurde. Wenn wir aber zu Beginn des 16. Jahrhunderts von einem Bauernessen in der Fastenzeit hören, bei dem es gleich sieben verschiedene Gänge mit Karpfen, Backfisch, eingemachtem Hering und Stockfisch gab, dann dürfen wir solche Menüs mit leichten Abstrichen auch drei Jahrhunderte zurück auf die ritterliche Tafel, sogar auf die der vornehmeren Herren übertragen.

Erstaunt ist man auch über die Fülle der Eiergerichte. Der heilige Bernhard von Clairvaux entsetzte sich einmal in einem Kloster über die dutzendfache Art, ein einfaches Eiergericht immer wieder verschieden zu gestalten. Da läßt man die Eier bald einrühren, bald umrühren, bald weich, bald hart sieden, bald kleinhacken, bald braten, bald rösten, bald füllen, zusammenmengen oder einzeln auftischen. Mehr als heute gehören auch die verschiedenen Pasteten zur guten Tafel: aus Hirsch-, Zicklein-, Tauben-, Fasanen-, Hühner- oder Regenpfeiferfleisch zubereitet, nahm man sie auch gern als Reiseproviant mit. Ein englischer Franziskanermönch erzählt in einem Bericht, wie ihm an der Tafel des französischen Königs die in Milch gekochten Bohnen und der mit Mandelmilch und Zimt bereitete Reis, vor allem aber das Geflügel und die feinen Fische geschmeckt haben.

Eines aber ist den meisten Speisen des Mittelalters eigen, die starke Beimengung von Gewürzen. Man würde heute die Hände über dem Kopf zusammenschlagen und die schlimmsten Krankheiten voraussagen, würden vor allem Pfeffer und Safran noch in gleich übermäßigen Mengen wie damals genossen. Trat ein Adliger in ein Kloster ein, so fiel es ihm zumeist schwer, sich an die einfache, reizlose Kost, die etwa der des Bauern entsprach, zu gewöhnen. Von den Mehlspeisen und den Gemüsen muß hier weiter nicht gesprochen werden. Es gab Brot wie Semmeln und Brezeln, Fladen und Krapfen; die Stelle der Kartoffel nahmen vor allem Rüben und Hülsenfrüchte ein.

Merkwürdig ist dagegen, daß die Butter wenig verwendet wurde, häufiger jedoch Käse. »Trag einen alten Käse her, den wollen wir essen, danach läßt sich gut trinken«, heißt es bei einem Dichter. Wenn wir auch einen Blick auf die fürstliche Tafel werfen wollen, so darf zum Abschluß des Speisezettels der Nachtisch nicht fehlen, der im Haushalt des einfachen Ritters aber sicher nicht häufig war. Neben dem heimischen Obst servierte man geröstete Kastanien, Mandeln, Feigen und Datteln, die aus dem Orient eingeführt wurden.

Zu einem guten Essen gehörte auch ein guter Trunk, und den wußte man in der ritterlichen Zeit nicht minder zu schätzen als heute. Wolfram von Eschenbach schildert recht plastisch, wie der Wein den fetttriefenden Mund der Ritter abspülte. Wasser kam nur wenig auf den Tisch, selbst in den Klöstern nicht. Dabei trank man den Wein selten rein, sondern versetzte ihn vielmehr mit Gewürzen oder Honig; gesüßter Trank war in Norddeutschland beliebt. Häufiger noch wurde er — verpfeffert! Wir können uns heute kaum mehr vorstellen, daß der Brand, den die stark gepfefferten Speisen in der Kehle verursachten, ausgerechnet mit einem Pfeffertrunk hinuntergespült werden sollte, aber an den mittelalterlichen Zeugnissen ist in diesem Punkt nicht zu zweifeln! Nur mit Wasser pflegten die Herren ihren Wein im allgemeinen nicht zu mischen. Neben Wein tranken sie auch noch Met aus gegorenem Honigwasser oder Most. Aber mit dem Bier scheint es nicht besonders gut bestellt gewesen zu sein, denn im »Iwein« des Hartmann von Aue heißt es: »Ein Becher voll Wein, der gibt, das sei euch gesagt, mehr Redegewandtheit und männliche Haltung als vierundvierzig mit Wasser oder mit Bier.«

Da es trotz der betonten persönlichen Reinlichkeit des einzelnen in den Burgen — auch in den Wohnhäusern der Bürger oder in den Klöstern — von Ungeziefer manchmal geradezu wimmelte, kam es häufig vor, daß Speise und Trank verunreinigt waren. Einem schwäbischen Grafen passierte das Mißgeschick, daß Kaiser Friedrich II. bei einem Gastmahl auf dessen Burg ausgerechnet eine Kröte im Wein fand. Der arme Graf fürchtete für sein Leben und rettete sich dadurch, daß er rasch ein Stück von der Kröte aufaß! So konnte niemand meinen, er hätte den Kaiser vergiften wollen.

Das Frühstück wurde gewöhnlich nach dem Besuch der Frühmesse eingenommen und mußte kräftig genug sein, um möglichst lange vorzuhalten. Es bestand bei den Reichen zumeist aus Brot und Fleisch, den Kaffee ersetzte ein Trunk Wein oder gar Glühwein. Um die Mittagszeit gab es nur einen kleinen Imbiß, ein Stück Brot, das manchmal in Wein oder Bier eingeschnitten wurde. Die wichtigste Mahlzeit des Tages dagegen bildete das Abendessen, das man gegen sechs Uhr oder später einzunehmen pflegte. Bei den Ärmeren dürften am Morgen wie am Abend das Mus und die Grütze aus Hafer, Erbsen, Bohnen, Hirse, Gerste, Weizen oder Roggen den Speisezettel bestimmt haben. Von solchen gewöhnlichen Mahlzeiten erfahren wir aber im allgemeinen sehr wenig. Um so mehr erzählen Dichter und Chronisten von den großen Gastmählern. Zu einem Essen auf einer Burg wurden, wie wir schon hörten, Bänke und Tische in den Saal getragen, letztere sauber gedeckt, denn ohne Tischtuch zu essen, galt als unschicklich. Dann erhielt jeder Gast noch eine Serviette, nach »französischer Sitte« bemerkt ein Dichter dazu, sowie eine Schnitte Brot. Schüsseln, Krüge und Trinkgefäße auf der Tafel entsprachen in ihrer Qualität dem Vermögen des Hausherrn. Ein armer Teufel verfügte nur über irdenes Geschirr, wohlhabende Ritter oder Bürger bedienten sich des Zinns, während die Tafel der Großen, von der ja in den meisten schriftlichen Zeugnissen die Rede ist, mit Silber besetzt war. Manche vornehmen Herrschaften legten nämlich ihre Reichtümer schon damals in den auch heute so beliebten »Sachwerten« an.

Wir dürfen uns aber trotz der oft phantastischen Beschreibungen in den

Aus des Tannhäusers Hofzucht

*Kein Edelmann soll mit einem andern zusammen von einem Löffel
essen.
Beim Essen rülpst man nicht und schneuzt auch nicht
in das Tischtuch.
Wer mit dem Löffel seine Speise nicht aufnehmen kann,
der schiebe sie nicht mit den Fingern darauf.
Bevor man trinkt, wischt man den Mund, damit das Fett nicht
in den Becher tropft.
Wie ein Kürschnermeister schneidet, wer den Finger auf das Messer
legt.
Auch ziemt es nicht, beim Essen auf den Tisch zu lümmeln.
Beim Essen kratzt man nicht mit bloßer Hand, wenn es etwa
an der Kehle juckt.
Kann man es aber nicht vermeiden, so kratzt man besser
mit seinem Gewand.
Es ist bäuerliche Sitte, mit angebissenem Brot wieder in die Schüssel
einzutunken.
Auch den Knochen, den man abgenagt hat, legt man nicht in die
Schüssel zurück.
Wer gerade Essen im Mund hat, der trinke nicht wie ein Vieh.*

mittelalterlichen Dichtungen keine übertriebenen Vorstellungen von der
Menge des Silbergeschirrs machen. So erzählt z. B. ein Chronist, daß der Erz-
bischof Roger von York 1182 bei seinem Tod eine goldene Trinkschale, sieben
aus Silber, dazu neun silberne Becher, drei silberne Salznäpfe, vierzig silberne
Löffel, acht silberne Schüsselchen und ein großes silbernes Tablett hinterließ.
Selbst an der Tafel eines so vornehmen Herrn hat also ein Teil der Gäste sich
mit billigerem Geschirr begnügen müssen.
Bevor die Gäste Platz nahmen, reichten Diener oder Edelknaben Schalen mit
Waschwasser herum; manchmal stand bei einfacheren Gesellschaften nur ein
Becken bereit, in dem die Gäste dann ihre Hände wuschen. Übrigens eine not-
wendige Maßnahme, wie wir gleich noch sehen werden. Dann nahmen die

Gäste ihrer Rangordnung entsprechend Platz. Die Verteilung der Sitze war schon damals nicht minder schwierig als heute etwa bei einem größeren Empfang, denn der lieben Eitelkeit der Gäste mußte schon seit eh und je Rechnung getragen werden.

Ursprünglich speisten Damen und Herren getrennt, später aber setzte man sich in bunter Reihe gemeinsam zu Tisch. Eine Neuerung, die, wie ein Chronist berichtet, ungeteilten Beifall fand. Dann wurden, bei großen Gastmählern sogar unter Trommel- und Posaunenschall, die Speisen aufgetragen, das größere Geflügel am Spieß, der Braten schon zerlegt. Walther von der Vogelweide, dessen großer Appetit bekannt gewesen sein muß (sonst hätte nicht Wolfram von Eschenbach darüber spotten können), empfahl den Köchen, den Braten doch etwas dicker zu schneiden. Gute Freunde aßen zusammen aus der gleichen Schüssel oder vom gleichen Stück Fleisch. Teller für den einzelnen Gast gab es nicht, die Schüsseln waren von vornherein in ihrer Größe für mehrere Personen berechnet. Der Herr schnitt der Dame das Fleisch zurecht und reinigte dann das Messer wieder an seinem Brot. Es ist fraglich, ob es überhaupt für jeden Gast ein eigenes Messer gab; Gabeln zu benutzen, war jedenfalls nicht üblich, höchstens zum Zerlegen eines größeren Bratens. Sonst ergriff man die Speisen mit den Fingern und schob sich gegenseitig oft die besten Bissen in den Mund. Nur die Suppen wurden mit Löffeln gegessen.

An vornehmen Höfen bedienten Knaben und Mädchen bei Tisch, jedoch war das an kleinen Burgen bestimmt nicht üblich.

Ein wirkliches Vergnügen bereitet es selbst heute noch, die Anstandsregeln für das Benehmen bei Tisch zu lesen. Man kann sich bei der Lektüre des Gefühls nicht erwehren, daß es bei Gastmählern recht munter und oft wenig »ritterlich« zugegangen sein muß. Wir dürfen aber auch hier nicht verallgemeinern. Es wird gesittete Gäste genauso gegeben haben wie solche, die von einer kleinen Burg weit hinter den Wäldern, wo sie ein einfaches, bäuerliches Dasein führten, gelegentlich zu Hofe kamen und denen es recht sauer geworden sein mag, sich auf dem höfischen Parkett zu bewegen und nicht ins Tischtuch zu schneuzen.

Zwischen den einzelnen Gängen der Mahlzeit schmeckte ein guter Trunk. Der Wein wurde dabei in Kannen serviert und dann in Schalen oder Becher umgegossen. Entgegen manchen Darstellungen auf kitschigen Bildern in den Büchern unserer Großeltern war das Trinkhorn anscheinend gar nicht so häufig in Gebrauch, denn es wird in den Beschreibungen von Gastmählern nur selten erwähnt.

Katzenstein bei Neresheim/ Württemberg. Typische kleine Burg des 13. Jahrhunderts, im 15. Jahrhundert etwas erweitert.

Burg Berneck im württembergischen Schwarzwald mit der machtvollen Mantelmauer aus der Zeit um 1200.

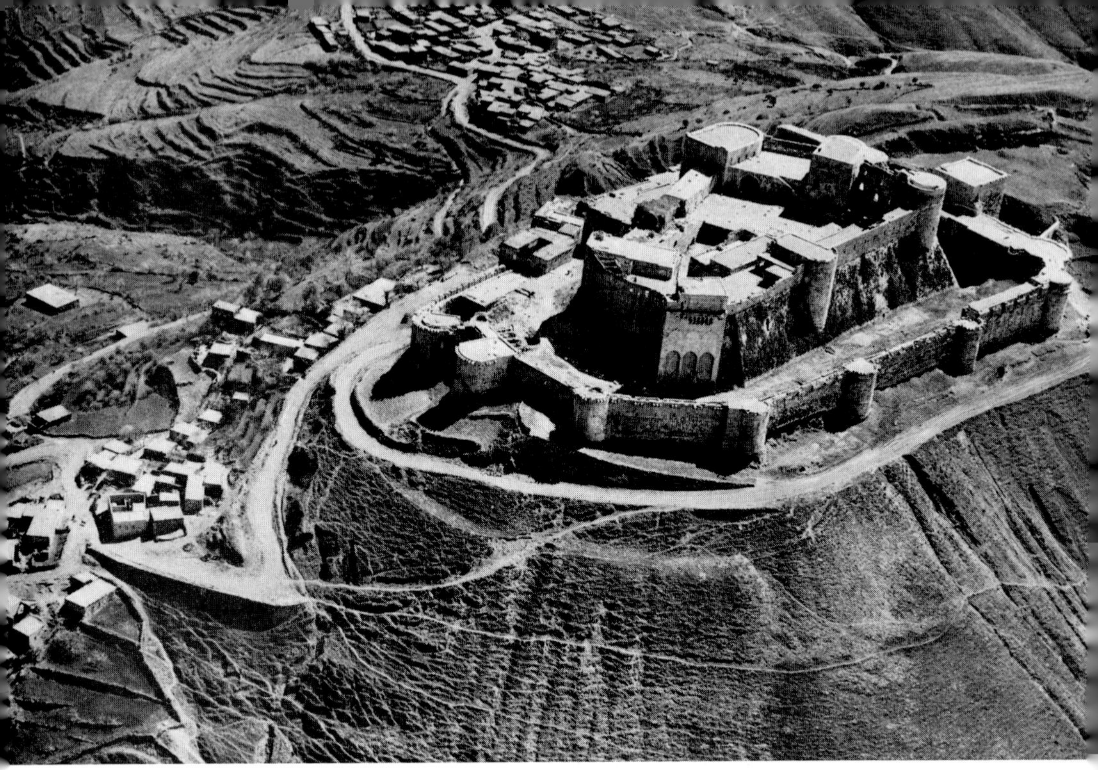

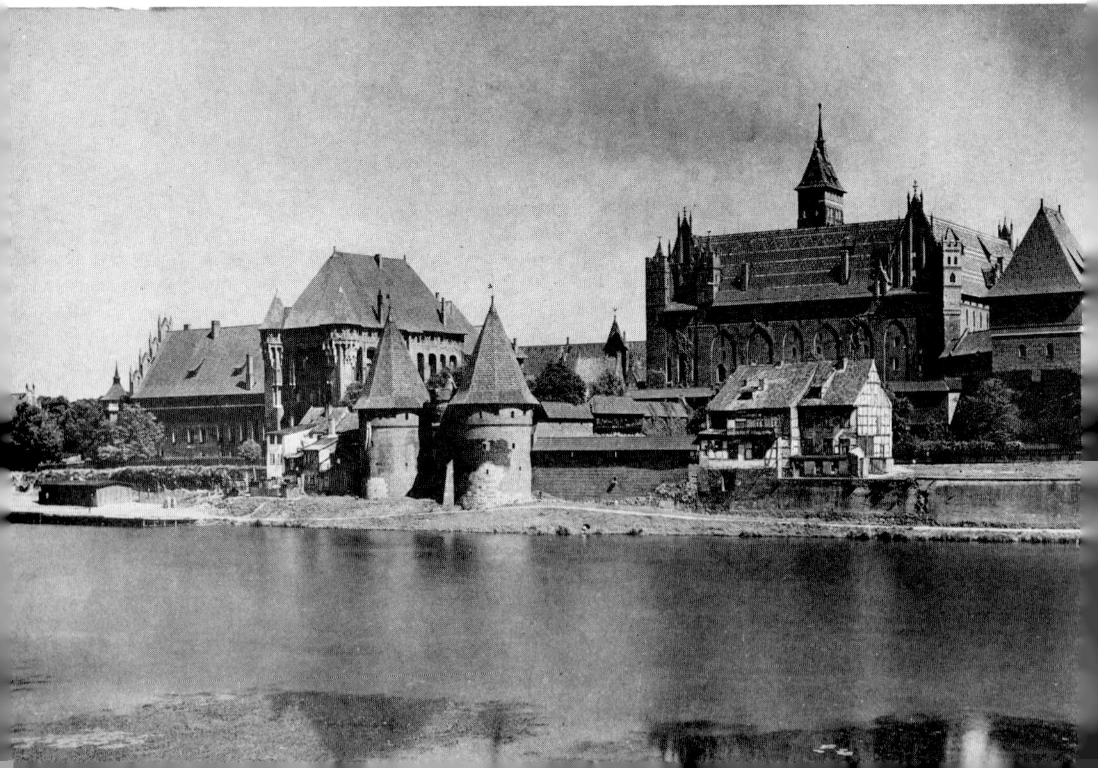

Was aber die Qualität der ausgeschenkten Weine betrifft, so können wir den Lobliedern der Dichter die Stimme eines Chronisten gegenüberstellen, der schrieb: »Ich habe zuweilen gesehen, daß so trüber Wein den Großen vorgesetzt wurde, daß er nur mit geschlossenen Augen und zusammengebissenen Zähnen, mit Schaudern und Widerstreben eher geseiht als getrunken wurde.«

Mag das Essen an den kleineren Burgen einfach genug gewesen sein und sich nicht viel von dem der Landleute unterschieden haben, so konnte umgekehrt an den Höfen manchmal ein verschwenderischer Luxus getrieben werden, der sich in nichts von den berühmt-berüchtigten Festen moderner Multimillionäre unterscheidet. Was heute die illustrierten Zeitschriften in großer Aufmachung bringen, das erzählen uns von der damaligen Zeit mit merklichem Befremden die Chronisten. Ein Graf versammelte einmal gleich dreihundert Ritter an seiner Tafel, ein anderer teilte das Gold mit vollen Händen aus, um, wie er sagte, seinen Gästen ein Vorgefühl des Paradieses zu gewähren. Beim Krönungsfest des Königs Wenzel von Böhmen blieben nach unserer Rechnung für etwa achttausend Mark Vorräte übrig, die an die fahrenden Leute verschenkt wurden. Ein Dichter klagt nach einem Gastmahl von zwölf Gängen, daß es viele Arme gäbe, die gerne den verschütteten Wein getrunken und die verstreuten Speisen gegessen hätten.

Nach beendeter Mahlzeit reichten die Diener wieder Schalen mit Waschwasser herum und trugen dann die Tische hinaus; von daher stammt unsere heute noch gebräuchliche Redewendung »die Tafel aufheben«. Gewöhnlich blieben dann die Herren noch zu einem gemeinsamen Trunk zusammensitzen, sie lachten, erzählten und prosteten einander zu. Und im »Perceval« des Chrêtien de Troyes heißt es, »ein Festgelage, das ein Fürst veranstaltet, währt länger als ein Wintertag zur Weihnachtszeit«. Wir dürfen aber auch nicht übersehen, daß so ein Beisammensein oft die einzige Möglichkeit bot, Neuigkeiten aus der weiten Welt zu erfahren. So wurden auch Fremde gastfreundlich aufgenommen, aber mit der stillschweigenden Verpflichtung, daß sie am Abend nach dem Mahl von ihren Erlebnissen und Fahrten berichteten.

Oben: Krak des Chevaliers. Die großartigste Kreuzfahrerburg im südlichen Syrien. Seit der Mitte des 12. Jahrhunderts ausgebaut auf den Resten einer kurdischen Burg. Stützpunkt des Johanniter-Ordens bis zur Eroberung durch die Araber 1271.

Unten: Die Marienburg am Ufer der Nogat im ehemaligen Westpreußen. Erbaut seit 1276. Hier residierte der Hochmeister des Deutschen Ritterordens.

Höllenfenster und Schnabelschuhe

Von Mode und Modetorheiten

Mit Vergnügen lesen wir im Nibelungenlied jene Stelle, wo von den Kleidersorgen der burgundischen Könige vor ihrer Fahrt an den Hof Brunhildens die Rede ist und von den Mühen Kriemhilds, die Brüder ja elegant genug auszustatten. So wie der Dichter des Nibelungenliedes malen alle großen Sänger der ritterlichen Zeit Kleidung und Schmuck in den schönsten Farben aus. Und sie konnten sicher sein, auch interessierte Zuhörer zu finden, wenn sie von den prächtigen Gewändern ihrer Helden oder der liebreizenden Damen erzählten. Kleidung und Mode haben bei jung und alt, arm und reich immer schon eine gewichtige Rolle gespielt. Und zwar, wie wir gerade aus den oben angeführten Strophen des Nibelungenliedes recht deutlich sehen, nicht nur beim »schwachen Geschlecht«, sondern genauso bei den kampferprobten Rittern. Aber wir sind nicht nur auf die Beschreibung der Dichter angewiesen, sondern haben die köstlichsten »Modezeitungen« in den farbenfrohen Bildern und Miniaturen mittelalterlicher Handschriften. Sie informieren uns nicht allein über die Kleidung der ritterlichen Welt, sie zeigen uns auch, daß sich die damalige Mode in einer gewissen Hinsicht nicht von der heutigen unterschied — auch sie war dem Wandel unterworfen, auch damals gab es schon Modenarren und Modetorheiten, denen man beim Durchblättern alter Handschriften immer wieder auf die Spur kommt.

Manchmal ist es jedoch gar nicht so einfach, auf den Bildern Mann und Frau auseinanderzuhalten, denn um die Wende des 13. Jahrhunderts ähnelten sich Männer- und Frauenmode in starkem Maße. Nur machten es im Gegensatz zu heute, wo man meist junge Mädchen in Bluejeans und Rollkragenpullover nicht von jungen Männern unterscheiden kann, die Männer den Frauen nach. Wir müssen also in der Herrenmode etwas umlernen und mit anderen als den uns gebräuchlichen Begriffen arbeiten. Ursprünglich trugen die Männer über dem Hemd eine kurze, höchstens bis ans Knie reichende Hose, die gewöhnlich

Entwicklung der Herrenmode: links ein Herr im 13. Jahrhundert, in der Mitte ein Stutzer aus dem 14. Jahrhundert, rechts die Herrenkleidung gegen Ende des 15. Jahrhunderts.

aus Leinen bestand und »bruoch« hieß; was man damals »hose« nannte, würden wir heute eher als Strümpfe bezeichnen. Sie waren mit Riemen am Bruoch befestigt. Bis heute hat sich daher der uns kaum mehr verständliche Ausdruck »ein Paar Hosen« erhalten. An ihnen zeigt sich schon die Eitelkeit der Herren, denn diese »Hose«, gewöhnlich aus Wollstoff oder Seidenzeug gefertigt, mußte möglichst eng anliegen, um das Bein richtig zur Geltung zu bringen. Auch dabei liegt ja ein Vergleich mit manchen Bluejeans unserer Tage nahe!

Über Hemd, Bruoch und Hose wurde ein Rock getragen, der um die Jahrtausendwende, also zu Beginn des ritterlichen Zeitalters, dem Mann im allgemeinen bis über das Knie reichte, dann aber immer länger wurde, bis er sich in Schnitt und Aussehen kaum mehr vom Kleid der Frau unterschied. Es gab auch Gegner dieser Mode. So verhöhnte König Sverre von Norwegen seine Ritter wegen ihrer weibischen Kleidung. Auch mag der Rock für den Hausgebrauch etwas kürzer gewesen sein, aber die Modetorheiten zeigten hier schon

53

üppige Blüten. Dazu gehörten vor allem die langen Ärmel, die oft bis zu den Füßen herabhingen. Am Oberarm lagen sie dicht an, vom Ellbogen ab waren sie später offen. Wir können uns vorstellen, wie bequem das für einen Modestutzer gewesen sein mochte, so lange Ungetüme mit sich herumzuschleppen.

Doch damit nicht genug. War es kalt, so trug der Ritter über seinem Rock einen zweiten, ärmellosen, der »surkot« hieß. Und natürlich mußte dieses Kleidungsstück auch entsprechend mit breiten Borten oder Pelzbesatz verziert sein. Wer besonders elegant sein wollte, wählte für seine Kleider verschiedene, kräftige bunte Farben, etwa einen roten Mantel zu einem grünen Untergewand. Als letzter Schrei der Herrenmode galten zweifarbige Kleider, die jede Hälfte des Körpers in einer anderen Farbe prangen ließen. Nach Möglichkeit trug der elegante Herr zu diesen zweifarbigen Kleidungsstücken auch verschieden-farbige Strümpfe, so daß er ein recht kurioses buntes Aussehen erhielt. Man nannte diese in der Mitte geteilte Tracht »miparti«. Da sie als ganz besonders vornehm galt, durften ursprünglich die Ritter allein solche verschiedenfarbigen Kleider tragen.

Übrigens hatten all die Farben zugleich symbolische Bedeutung. Weiß bedeu-tete Hoffnung auf Erhörung, Grün das erste Aufleben einer Liebe, Rot dagegen schon heftige Liebesglut oder auch Ruhmesdurst und Kampflust, Blau war das Zeichen der Treue, Gelb das der beglückenden Liebe und Schwarz das des Todes. Von dieser Farbensymbolik hat sich heute nur die schwarze Trauer-farbe erhalten. Die Spielerei mit den Farben und die reichlich bunt »gefiederten« Männer veranlaßten einen bedeutenden Prediger der Zeit, den Modenarren mit scharfen Worten ins Gewissen zu reden: »Ihr habt nicht genug davon, daß euch der allmächtige Gott die Wahl unter den Kleidern gelassen hat, indem er sagte: Wollt ihr sie braun, rot, blau, weiß, grün, gelb, schwarz? Nein, in einer unverständlichen Hoffart zerschneidet ihr eure Gewänder zu Flicken, hier der rote in dem weißen, da den gelben in den grünen, das eine gewunden, das andere gestrichen, hier einen Löwen, dort einen Adler.«

Auch damals wechselten schon die Modefarben. So wurde im 13. Jahrhundert das Scharlachrot, für das man als Farbstoff die aus einer Wurzel gewonnene Krapp-Farbe benötigte, durch Blau abgelöst. Sehr zum Leidwesen der Krapp-Händler, die deshalb überall den Teufel blau malen ließen, um die neue Mode-farbe in Verruf zu bringen. Das Staatskleid aber, das bei festlichen Gelegen-heiten nie abgelegt wurde, war der lange, ärmellose Mantel. Aus kostbaren Stoffen gefertigt, oft mit wertvollem Pelzwerk gefüttert und besetzt, wurde er an der rechten Schulter mit einer Spange zusammengehalten. Der reiche

Aus dem Nibelungenlied

Da sprach der edle König: »Ich bitt dich, Schwester, schön:
Ohne deine Hilfe kann es nicht geschehn.
Wir wollen auf Abenteuer in Brünhildes Land.
Vor Frauen uns zu zeigen, brauchen wir ein prächtiges Gewand.«

»Reicher Kleider Fülle ist es, was uns fehlt.
Von Euren edlen Händen seien sie uns gewählt.
Laßt sie in rechtem Maße von Euren Mädchen nähn.
Nichts kann den Sinn uns wenden: die Fahrt zu Brünhild muß geschehn.«

Dann wurden sie entlassen mit gutem Abschiedswort.
Aus ihrer Kemenate berief zu sich sofort
Dreißig schöne Mädchen Kriemhild, die Königin,
Wohlgeschickt zum Werke durch Geschmack und feinen Sinn.

Auf arabische Seide, weiß wie der Schnee,
Und guten Stoff aus Zazamank, grün wie der Klee,
Setzten sie Edelsteine: das gab ein Prachtgewand!
Kriemhild, die schöne, schnitt sie zu mit eigner Hand.

Kostbare Bezüge von fremdem Meergetier,
Seltsam anzuschauen, brachte man herfür.
Drauf nähten sie die Seide; so wie sie's sollten tragen.
Hört noch Wunderdinge von dem Glanz der Kleider sagen.

Von dem Lande Marokko und auch von Lybia
Die allerfeinste Seide, die man jemals sah,
Hatte sie die Fülle, wie nie ein Königskind.
Im Werk bezeugte Kriemhild, daß sie den Helden wohlgesinnt.

Da zu so hohem Ziele sie wünschten auszuziehn,
Dünkte sie nicht genügend der weiße Hermelin.
Kohlschwarzer Sammet wurde draufgesetzt.
Wackre Helden trügen solch Kleid bei Festen gern noch jetzt.

Aus arabischem Golde glänzte manch edler Stein.
Die mühevolle Arbeit der Frauen war nicht klein;
Sie fertigten die Kleider in sieben Wochen Zeit,
Inzwischen waren den Recken ihre Waffen auch bereit.

Übertragen von H. de Boor

Faltenwurf reizte vor allem die Bildhauer immer wieder, wenn sie die majestätische Gestalt eines Herrschers darstellen wollten, und die Figuren etwa in den Domen zu Bamberg oder zu Naumburg bieten uns hier reiches Anschauungsmaterial. In der Form unterschied er sich nicht vom Mantel der Frauen. Nur so ist es zu verstehen, daß Parzival auf Monsalvat von der Königin einen Mantel aus arabischer Seide geschenkt bekommen konnte, den diese zuvor selbst getragen hatte.

Der lange lose Rock und der weite fallende Staatsmantel ließen ihre Träger gewöhnlich groß und schlank erscheinen und unterstützten so das ritterliche Schönheitsideal der Gotik. Selbstverständlich gab es auch noch Kapuzenmäntel als Schutz gegen schlechtes Wetter, aber diese schrumpften bald so zusammen, daß vom ganzen Mantel fast nur noch der Kragen und die Kapuze übrigblieben, die dann die sogenannte Gugelhaube bildeten, eine sehr beliebte Kopfbedeckung der Männer. Und wie immer hatte auch hier Frau Mode ein gewichtiges Wort mitzureden, denn die eigentlich recht überflüssige Spitze der Kapuze wuchs zu einem langen Band aus, das weit auf den Rücken hinunterreichte, ähnlich den Zipfelmützen der Mädchen von heute. Daneben aber bevorzugte der Herr auch noch Hüte, die in ihrer Höhe manchmal das Aussehen eines kleinen Zuckerhutes aufwiesen.

Noch auffallender als die Kopfbedeckung konnte das Schuhwerk sein. Neben dem einfachen Schnürschuh aus Leder und den im Winter pelzgefütterten Stiefeln gab es noch die sogenannten Schnabelschuhe, die, vorn spitz zulaufend, vielfach weit über die Zehen hinaus verlängert waren. Diese modische Erfindung wurde dem Grafen Fulco von Anjou zugeschrieben, der sich solche merkwürdigen Schuhe anfertigen ließ, um die Frostbeulen an seinen Zehen zu verbergen. Ein kluger Modenarr kam dann auf die Idee, die Schnäbel dieser Schuhe noch mit Werg auszustopfen. Manchmal mußten diese überlangen Schnäbel mit einem Schnürchen hochgebunden und am Bein befestigt werden. Wer ganz besonders schön sein wollte, zierte die Spitzen noch mit Rollschellen, wie wir sie heute manchmal an Faschingskostümen finden.

Auch Handschuhe gehörten zu den wichtigsten Ausstattungsstücken der Herren, und ihre Bedeutung darf nicht unterschätzt werden. Ein Handschuh wurde bei der Belehnung überreicht, der Handschuh des Herrschers diente den Gesandten als Beglaubigung.

Bildnis des Minnesängers Berengar von Horheim aus der Manessischen Handschrift; kennzeichnend für die höfische Mode der ritterlichen Zeit.

Die Fürsten kleideten übrigens die Mitglieder ihres Hofstaates. Vornehme Herren mochten dabei kostbare Samtkleider, mit Hermelin gefüttert, und Reitkleider aus Scharlach erhalten, die Ritter bekamen nur Hofkleider aus braunem Scharlach und Reitkleider aus einfachem blauen Stoff. Der Knappe dagegen unterschied sich vom Ritter durch einen kurzen Rock.

Unsaubere oder schlecht genähte Kleider galten als Verstoß gegen die gute Sitte. Als Herzog Robert von der Normandie vom König von England ein Gewand zum Geschenk erhielt, bei dem eine kleine Naht aufgetrennt war, schrie er wütend: »Wehe mir Unglücklichem, dieser falsche Mensch hält mich für einen Söldling und schenkt mir zum Almosen alte aufgetrennte Tücher.« Derselbe Herzog weigerte sich ein anderes Mal, ein Paar Schuhe zu tragen, weil ihm ihr Preis zu billig erschien. Sein Diener holte daraufhin ein Paar schlechtere Schuhe, nannte aber dafür einen höheren Preis, und der eitle Herzog beruhigte sich.

Der Niedergang des Rittertums brachte auch einen Wandel in der Herrenmode mit sich. Der Rock wurde wieder wesentlich kürzer, zu kurz, wie manche sittenstrenge alte Herren meinten. Und deshalb beklagte sich auch ein Mainzer Chronist im Jahre 1367: »In jenen Tagen ging die Torheit der Menschen so weit, daß die jüngeren Männer so kurze Röcke trugen, daß sie weder die Schamteile noch den Hintern bedeckten. Mußte sich jemand bücken, so sah man ihm in den Hintern. O, welch unglaubliche Schande!«

Als man die Röcke an der Seite noch aufschnitt, entwickelten sich daraus als neue Modetorheit die »gezattelten« Kleider, bei denen der Unterteil des Rocks und die Ärmel in eine Unzahl von lose herabhängenden Lappen ausliefen. Von da war es kein weiter Schritt mehr zu den Pluderhosen und Pluderärmeln der Reformationszeit, die vor allem bei den eleganten Landsknechten so beliebt waren.

Es ist selbstverständlich, daß die Kleidung der Frau nicht hinter der des Mannes zurückstand. »Es ist der Wunsch einer jeden Frau, ob jung oder alt, möglichst viele Kleider zu besitzen«, sagte dazu ein Dichter und fuhr fort: »Wenn sie diese auch nicht trägt, so möchte sie wenigstens sagen können: ›Wenn ich nur wollte, so wäre ich besser gekleidet als manche andere, die so vornehm daherstolziert‹.«

Als der Rock der Männer die Länge des Frauenrocks erreicht hatte, fanden die Frauen trotzdem einen Ausweg, um sich im Laufe der Zeit wieder von den Männern zu unterscheiden. Sie verlängerten ihren Rock derart, daß sie, um überhaupt noch laufen zu können, ihn vorne hochraffen mußten. Damit unterstrichen sie noch jene eigenartige Körperhaltung, die uns auf vielen alten Bildern auffällt. Es galt nämlich als vornehm, beim Gehen den Oberkörper etwas zurückzuneigen.

Zu feierlichen Anlässen, besonders aber auch zum Tanz, trugen die Frauen über den Kleidern noch den »swanz«, eine lange Schleppe. Über diese Schleppe wurde besonders gescholten. So klagt ein Mann in sehr drastischer Form: »Die Damen ziehen ihre Schleppen mehr als eine Elle hinter sich her und sündigen damit ganz wunderbar, weil sie mit schwerem Geld sie erkaufen, Christus in den Armen berauben, Flöhe sammeln, in der Kirche die Andächtigen im Gebet stören, den Staub aufwirbeln, die Kirche dadurch verdüstern, die Altäre gleichsam beräuchern, die heiligen Stellen mit Staub beschmutzen und entweihen, und auf eben diesen Schleppen den Teufel tragen und fahren.« Auch die Kirche schritt bald gegen die Unsitte der überlangen Schleppen ein und verbot, sie zu tragen.

Wir hörten schon bei der Herrenmode von den langen Ärmeln, eine Erscheinung, die sich auch bei den Frauen vom 11. bis zum 13. Jahrhundert hielt und in der sich der Luxus so recht entfalten konnte. Die Damen bedienten sich des Ärmels als Tuch, wischten sich den Schweiß damit ab, benutzten ihn auch als Tasche. Er mußte übrigens gar nicht zum Obergewand gehören, sondern konnte getrennt unmittelbar an das Hemd geheftet werden, und manchmal überreichte ihn eine Dame, etwa vor einem Turnier, einem Verehrer als Geschenk. Später, im 13. Jahrhundert, kamen die langen Ärmel wieder aus der Mode. Das Oberkleid wurde ganz ärmellos, dafür hatte es aber weite, oft schön mit Pelzwerk verzierte Ärmelöffnungen. Männer nannten die neue Mode spöttisch »Höllenfenster«!

Wie die Männer, so trugen auch Frauen zu feierlichen Anlässen kostbare Mäntel, die oft mit teuersten Pelzen gefüttert waren.

Jungfrauen gingen vielfach ohne Kopfbedeckung und putzten sich höchstens mit einem Blumenkranz. Verheiratete Frauen banden das Haar auf und legten ein »Gebende« an, einen Kopfputz, der um das Kinn herumlag und es zum Teil sogar bedeckte. Das schien nicht gerade bequem gewesen zu sein. Wollte die Frau sich zwanglos unterhalten, mußte sie das Kinnband abstreifen und es auf das Haupt legen. Im Nibelungenlied wird bei der Begegnung zwischen Kriemhild und Etzel erzählt, daß Kriemhild »ir gebende uf ructe«, d. h. ihr Gebende hinaufrückte, um dem König überhaupt einen Begrüßungskuß geben zu können.

Vielfach trug die verheiratete Frau aber auch einen Schleier, eine Art Kopftuch, das frei zu beiden Seiten des Hauptes niederhing und dessen Zipfel bis auf die Brust reichten. Erst im 15. Jahrhundert kam in Burgund ein neuer Kopfputz auf, der vielfach fälschlich als der Kopfputz der Frau im ritterlichen Zeitalter angesehen wird. Es war der »Hennin«, ein tütenförmiger Hut mit Schleier oder eine Hörnerhaube mit zwei Kegeln aus Metall, Brokat oder Samt. Zum unentbehrlichen Schmuck der Frau gehörte der bis zu drei Finger breite Gürtel, der oft mit kostbaren Steinen, Gold und Silber beschlagen war und dementsprechend ein Vermögen kosten konnte. Die Markgräfin Kunigunde von der Steiermark kaufte im Jahre 1166 einen Hof und bezahlte den Besitzer mit einem Gürtel, der ein Pfund Goldes schwer und mit sechzig Ellen Perlen besetzt war. Ringe, Ketten, Spangen, Broschen, ebenfalls aus edlem Metall, mit Steinen besetzt, vervollständigten den Schmuck der Dame.

In den Dichtungen der ritterlichen Zeit hören wir Einzelheiten über die Stoffe, die für die Gewänder Verwendung fanden. Aus dem Orient und aus Spanien wurden Samt und Seide eingeführt, daneben erfahren wir häufig von dem prächtigen »Pfeller«, einem Brokatgewebe, das es in den verschiedensten Farben gab. Vielfach sind Seiden- und Brokatstoffe auch nach ihren Herkunftsorten benannt, denn in der Vielzahl der von den Dichtern erwähnten Namen kann man sich heute kaum mehr zurechtfinden. Man muß staunen, welch weltweite Handelsbeziehungen um der Mode willen angeknüpft worden waren. Wenn von Sammet die Rede ist, dürfen wir nicht an unseren heutigen Samt denken, sondern hier handelt es sich um ein besonders festes Seidengewebe. Auch Purpur ist eine Seidenart aus dem Orient, die es in den verschiedensten Farben, wie etwa schwarz, grün, gelb, golddurchwirkt und gestreift gab. Daneben dürfen wir aber auch die zahlreichen Woll- und Leinengewebe nicht übersehen, wie etwa den Barchent oder den Scharlach, letzterer ein kostbarer Wollstoff, der in den Niederlanden und in England hergestellt wurde. Auch hier ist — im Gegensatz zu heute — die Farbe nicht maßgebend, es gab neben rotem auch blauen, braunen und grauen Scharlach. Zum gebräuchlichsten Pelzwerk gehörte das Rückenfell des grauen Eichhörnchens, das man Grauwerk nannte, zum kostbarsten zählten, wie heute noch, Hermelin und Zobel, den Rußland lieferte.

Auf dem Bildnis des Ritters Rubin von Rüdiger aus der Manessischen Handschrift trägt dieser ein Jagdgewand im Mi-parti, dazu einen eleganten Hut. Die Scheibe vor dem Schwert wird als kleiner Faustschild gedeutet. Die Dame, die dem Ritter offensichtlich nicht in den Wald folgen möchte, ist im Gegensatz zu ihm verhältnismäßig einfach gekleidet.

Pelze und Pelzfutter spielten in einer Zeit, zu der man — wie wir schon wissen — auch in den Wohnungen tüchtig fror, eine sehr wichtige Rolle. »Wir trachten nach einem kostbaren Marderkleid wie nach der höchsten Seligkeit«, schrieb ein Chronist. Und von Walther von der Vogelweide wird als eine der wenigen sicher überlieferten Tatsachen aus seinem Leben erwähnt, daß er vom Bischof von Passau Geld für einen Pelzmantel geschenkt erhielt.

Vielfach beklagen Chronisten den übertriebenen Kleiderluxus, der sich seit dem Ende des 12. Jahrhunderts allenthalben bemerkbar machte. Kirche und Könige wandten sich mit Verordnungen dagegen, übrigens nicht nur bei den Rittern, sondern auch bei den Bürgern und bei der Geistlichkeit. Mit der Putzsucht stiegen natürlich auch die Preise. So klagt ein Schriftsteller: »Die Kleider und das Pelzwerk sind um das Doppelte im Preis gestiegen, aber der gemeinste Mann zieht sich besser an als früher mächtige Barone.« Doch wir müssen uns hüten, solche Äußerungen zu verallgemeinern. Es wird, ebenso wie heute, Luxus und Bescheidenheit nebeneinander gegeben haben.

Auch über die Körperpflege machen wir uns vielfach recht falsche Vorstellungen und sind nur zu rasch geneigt, dem Mittelalter nicht zu viel Sinn für Reinlichkeit zuzuschreiben, wenn wir an die schlechten sanitären Verhältnisse in den Burgen oder an den berüchtigten Schmutz in den Straßen der Städte denken. Das Gegenteil aber war der Fall, und in der ritterlichen Zeit wurde viel Wert auf Reinlichkeit gelegt. Auch hier hören wir immer wieder von den Dichtern, wie die Ritter gleich nach der Einkehr auf der Burg ein Bad zu nehmen pflegten. Gurnemanz ließ seinem Gast Parzival die Badekufe in das Schlafzimmer bringen, das Wasser war mit Rosenblättern bestreut. Es kam sogar vor, daß das Bad gleich im großen Rittersaal gerüstet wurde, wenn eine größere Anzahl von Rittern zugleich baden wollte. Daneben gab es auch schon eine Art Sauna, ein Dampfbad, in dem Wasser auf heiße Steine gegossen und so der Dampf erzeugt wurde. Wer seinen Tag nicht mit einem Bad beginnen wollte oder konnte, wusch sich wenigstens. Es gab Waschbecken, Handtücher und auch Seife.

Männer wie Frauen schätzten die Schönheit der Haare und pflegten sie entsprechend. Blond wurde bevorzugt, das geht deutlich aus den Bildern der berühmten Manessischen Liederhandschrift hervor: Sind doch von vierhundert-

Rechts: Kampfszene auf einem Bild aus einer um 1250 entstandenen mittelalterlichen Handschrift. Das blutige Geschehen ist ungemein realistisch dargestellt. Links außen spannt ein Mann das große Katapult einer Belagerungsmaschine.

لشكران ساول لشكررا سرد شتان برد واشیارا سكت

achtundsechzig dort abgebildeten Männern und Frauen dreihundertvierundachtzig blondköpfig gemalt und nur drei — darunter ein Heide — tragen schwarze Haare. Jungfrauen flochten ihr Haar mit Bändern zu langen Zöpfen oder trugen es noch häufiger offen. Männer trugen das Haar etwas seitlich gescheitelt lang herabwallend, die normannischen Ritter pflegten es künstlich mit Brennscheren zu kräuseln. Nicht überall verbreitet, aber doch nachweisbar, ist die merkwürdige Mode, daß auch Männer ihre Haare zu Zöpfen flochten. Das galt auch für die Langbärte, die ebenfalls manchmal zu Zöpfen geflochten und mit Goldfäden umwunden wurden. Recht merkwürdig müssen auch jene Ritter ausgesehen haben, die sogar die Spitzen ihrer Schnurrbärte im Nacken zusammenbanden.

Im 13. Jahrhundert trugen die Männer das Haar wieder kürzer, höchstens bis zum Nacken, und das Gesicht wurde glatt rasiert.

Fehlte das natürliche Haar, so half man mit künstlichem nach. Es gibt eine nette Erzählung von einem kahlköpfigen Ritter, der sich eine Perücke hatte anfertigen lassen und diese ausgerechnet im Turnier vor den Augen seiner Dame verlor. Verheiratete Frauen banden ihr Haar hoch oder flochten es ebenfalls zu Zöpfen, die möglichst lang sein sollten. Ein Geistlicher schimpfte unter Anspielung auf die Zöpfe, daß die Frauen schlimmer seien als der Teufel, denn dieser trage nur einen Schwanz, sie aber meistens zwei.

Das Schminken galt zwar nicht als besonders anständig, heißt es doch so schön im Parzival »gestrichen Farbe auf das Fell, ist selten worden Lobes hell«, aber sicher kannten die Damen sich in dieser Kunst trotzdem gut aus. So erzählt der französische Dichter Chrêtien de Troyes reizvoll von den Damen der Königin: »Da hättet ihr in diesem Schloß die Damen und Jungfrauen, die Königin und die Mädchen sehen können, wie sie sich putzten. Die eine ließ ihr Haar flechten, die andere ihre Taille schnüren, die dritte sagte:›Schwester, bin ich so gut?‹ ›Dir fehlt nichts‹, erwiderte die andere. ›Aber wie steht es mit mir?‹ Die vierte sagte: ›Fräulein, bin ich heute gut gefärbt?‹ ›Ja, besser als irgend jemand auf der Welt.‹«

Ganz links: St. Theodor als Ritter. Skulptur am Portal der Kathedrale von Chartres. Er trägt über dem Kettenhemd den Waffenrock. In der Rechten hält er den Speer, in der Linken einen Dreieckschild mit einem Lilienkreuz als Wappen.
Rechts daneben: St. Mauritius. Skulptur vom Magdeburger Dom aus dem 13. Jahrhundert. Mit Kettenhemd und Plattenschutz (Spangenharnisch).

Als die Uhr nicht mahnte

Arbeit und Vergnügen

Wenn heute am Morgen der Wecker schrillt, wenn man sich beeilt, um noch die Straßenbahn oder den Zug zu erreichen, wenn Schüler sehnsüchtig auf das Glockenzeichen zur Pause warten, wenn immer wieder die Uhren drängen, drohen, mahnen, unseren ganzen Tageslauf beherrschen — wer findet da überhaupt noch Muße, an jene Zeit zu denken, da es keine oder kaum Uhren gab, da den Menschen der Begriff Eile noch weitgehend fremd war! Ein Leben ohne Uhr und ohne Eile — für uns unmöglich, für die ritterliche Zeit aber selbstverständlich. Die Sanduhr kam in Mitteleuropa erst im 13. Jahrhundert auf, und Räderuhren finden sich um die gleiche Zeit auch nur in ganz wenigen, aus dem Orient eingeführten Stücken. So waren nachts die Sterne und tagsüber der Sonnenstand Zeitmesser, die bei schlechtem Wetter ohne weiteres ausfallen konnten. Kein Wunder also, wenn die Zeit keine Rolle spielte.

Der Alltag begann in aller Frühe mit der Messe; zu waschen pflegten sich die Herrschaften erst später. Nach dem Frühstück teilte der Herr dann den Knechten die Arbeit für den ganzen Tag zu, schlichtete Streitigkeiten seiner Hintersassen oder nahm den Zins entgegen. Kleinere Ritter mußten natürlich ihr Land selbst bestellen, und ihr Arbeitstag verlief nicht anders als der eines einfachen Bauern. Die Frau des Hauses beaufsichtigte nicht nur das Küchenpersonal, sie mußte die gewöhnlichen Kleider selbst anfertigen; auch Spinnen von Flachs und Seide gehörte zu ihren Arbeiten, während sie das Spinnen der Wolle den Dienstmägden überließ. Vornehme Damen vertrieben sich die Zeit mit Stickereiarbeiten.

Ließen sich viele Dinge des täglichen Bedarfs, Grundnahrungsmittel und Alltagskleidung, auch aus eigenen Vorräten oder durch eigene Arbeit beschaffen, so waren die Ritter doch auf die Kaufleute und ihre Vermittlertätigkeit angewiesen. Gerade in der ritterlichen Zeit begann das liebe Geld schon eine gewichtige Rolle zu spielen. Natürlich konnten die Frauen nicht einfach

Hugo von Trimberg über das Kegelspiel

Noch ist ein ander Albernheit
Die Schaden bringet und auch Leid,
Und doch gibt es so manchen Mann,
Der wenig das bedenken kann.
Wenn zweie schieben zu einem Ziel,
Und läuft die Kugel nicht wie er will,
So möchte er aufhalten den Wind,
Neigt sich auch nieder wie ein Kind,
Breitet den Mantel fast darnieder.
Danach schiebt der andere hinwieder,
Rollt seine Kugel nicht so sehr,
Dann läuft er gleich dahinter her
Und schreit: Lauf Kugel, lauf genau!
Beeile dich, du liebe Frau!

über die Straßen zum nächsten Kaufmann gehen, wenn sie etwas benötigten, sondern sie mußten zumeist darauf warten, bis ein Händler »ins Haus« oder, besser gesagt, in die Burg kam. Der eine brachte dann Lebensmittel, Brot, Wein oder gesalzenen Schinken, ein anderer handelte mit lebendem Schlachtvieh, ein dritter brachte frische Heringe vom Meer. Das waren aber nur die kleinen Krämer. Die bedeutenderen Kaufleute handelten mit Stoffen aller Art, mit fertigen Kleidern, Waffen oder mit den begehrten Gewürzen. Oft mußten solche Kaufleute sich von Burg zu Burg geleiten lassen, um vor räuberischen Überfällen sicher zu sein, denn manche Ritter liebten auch diese »bargeldlose« Art des Einkaufens! Andere Möglichkeiten, die nötigen Einkäufe zu erledigen, boten sich bei Turnieren, wo viele Händler am Festplatz zusammenkamen.

So ein Einkauf konnte im wahrsten Sinne eine gewichtige Angelegenheit sein. Bemaß sich doch der Wert des Geldes nach dem Silber- oder Goldgewicht, und außerdem prägten viele Städte ihre eigenen Münzen. Mancher einfache Rittersmann mag den verschiedenen Geldsorten hilflos gegenübergestanden und von gewitzten Händlern übers Ohr gehauen worden sein. Den besten Ruf hatte der Kölnische Denar oder Pfennig, sein Silbergewicht betrug 1,45 Gramm. Der weitverbreitete Haller-Pfennig, von dem der Name Heller stammt, hatte nur einen Silberfeingehalt von 0,7 Gramm. Auf eine Mark gingen einhundertsechzig Pfennige, was also 234 Gramm Silber entsprach. Später wurde in Böhmen ein Denarius Grossus, ein Dickpfennig oder Groschen, geprägt, der im Wert zwölf Pfennigen entsprach und wegen des darauf eingeprägten Kreuzes auch den Namen Kreuzer erhielt. Erst um 1250 prägten die Italiener Goldstücke zu 3,5 Gramm, die Goldgulden.

Es ist nicht einfach, für diese Angaben den heutigen Wert zu setzen, zumal schon in der Ritterzeit der Wert des Edelmetalls zu sinken begann und die Waren dadurch teurer wurden. So hatten auch die Ritter schon ihre Geldsorgen und mögen manchmal an die gute alte Zeit gedacht haben, in der alles noch billiger gewesen war. Mußte doch so ein armer Ritter um 1256, wie uns eine Preistafel aus Landshut zeigt, für zweieinhalb Pfund Rindfleisch einen Pfennig zahlen; für das gleiche Geld bekam er nur zwei gute mittelgroße Würste aus reinem Schweinefleisch. Ein Eimer guter Frankenwein war teuer und kostete fünfundfünfzig Pfennige, ein Eimer Bier nur achtzehn. Walther von der Vogelweide klagt, daß sein Pferd, das ihm ein Feind getötet habe, drei Mark wert gewesen sei. Meier Helmbrecht berechnet eine Elle Leinwand auf fünfzehn Groschen, für ein Paar Schuhe zahlte man zwei Groschen. Ein Pfennig täglich reichte aus zur Verköstigung, und ein Arbeiter erhielt um diese Zeit bis zu neunzehn Pfennige Wochenlohn!

Bei den täglichen Arbeiten, die auf einer Burg anfielen, mußten ärmere Ritter schon selbst tüchtig mithelfen; denn daheim waren sie schließlich nichts anderes als eben Bauern, die das Schwert mit der Mistgabel vertauschten. Je reicher und vornehmer aber ein Ritter war, um so weniger mußte er sich selbst die Hände schmutzig machen. Von Frankreich her setzte sich die Auffassung durch, daß bäuerliche Arbeit eines Ritters unwürdig sei. Dafür waren schließ-

Der Minnesänger Dietmar von Aist hat sich verkleidet, um seine Dame besuchen zu können, und vermittelt uns so einen Eindruck, wie die Händler aussahen, die von Burg zu Burg zogen, dort ihre Waren ausstellten und feilboten.

lich die oft zahlreichen Knechte und die Hörigen da, die nicht nur Naturalabgaben leisten mußten, sondern auch zu Dienstleistungen verpflichtet waren.
Zu den Aufgaben der Frau gehörte neben der Versorgung von Haus und Küche
die Krankenpflege auf der Burg. Da gab es bestimmt viel Arbeit, denn Krankheit
und Tod bestimmten mehr als heute den Alltag. Der Tod hielt unerbittlich
seine Ernte, von hundert Neugeborenen erreichten damals kaum vierzig das
erste Lebensjahr, und das Durchschnittslebensalter lag damals bei etwa dreißig
Jahren.

So hatte in einer Zeit, da man oft weit reisen mußte, um einen Arzt zu treffen,
die Frau eine schwere Aufgabe zu erfüllen. Sie sammelte im Wald die heil-
kräftigen Kräuter und verfertigte Salben, Pflaster und Arzneien, ja selbst das
damals so beliebte Blutabzapfen, das Schröpfen, besorgte sie. Mochte es gegen
viele Krankheiten auch erprobte Hausmittel gegeben haben, so war gegen eine,
die am meisten gefürchtete, kein Kräutlein gewachsen — gegen den Aussatz.
Wehe, wenn jemand daran erkrankte! Dann fielen zuerst die Haare aus, die
Haut bekam eine blutrote Farbe, die Stimme wurde heiser, und schließlich
begannen Finger und Zehen abzufaulen. Wer von dieser Krankheit befallen
wurde, mußte Hab und Gut, mußte die Familie verlassen und sich zu seinen
Leidensgefährten gesellen, die am Rand der Städte in streng gemiedenen Hütten
hausten und von mildtätigen Gaben lebten. Dort gab es dann auch keine
Standesunterschiede mehr, und der Ritter mußte mit dem Hörigen zusammen-
leben, durfte keinerlei Kontakte mehr mit seinen Angehörigen halten. Der
Dichter Hartmann von Aue erzählt in seinem »Armen Heinrich« von den
Schicksalen eines aussätzigen Ritters, der durch die Opferbereitschaft eines
Mädchens und die Gnade Gottes eine wunderbare Heilung erfuhr.

Gab es im Frühjahr, im Sommer und im Herbst genug zu tun, so daß keine
Langeweile aufkommen konnte, so sah es im Winter mit den kurzen Tagen
schon anders aus. Die ungemütliche Kälte in den Burgen, die den Lebens-
rhythmus der Bewohner bestimmte, trug das Ihre dazu bei. Kein Wunder, wenn
wir daher immer wieder davon hören, daß sich oft die ganze Familie stunden-
ja sogar tagelang im warmen Badehaus aufhielt und dort aß und trank, ja sogar
schlief.

An den langen Winterabenden vertrieb man sich oft genug die Zeit mit einem
Spiel; unter Männern war das Würfeln sehr beliebt, wenn es auch nicht als
besonders fein galt. Außerdem wurden dabei oft Geld und Gut verspielt. So
kam es, daß schon Otto der Große auf einem Reichstag Geistliche, die nicht
vom Würfelspiel ablassen wollten, mit der Absetzung bedrohte, und König

Ludwig IX. seinen Beamten das Spielen und schließlich die Herstellung von Würfeln überhaupt verbot. Der Sage nach soll das Würfeln in Palästina in der Stadt Hezar (Hazard) erfunden worden sein und damals auch seinen Namen »Hasardspiel« erhalten haben. Als harmloser und weniger anstößig galten die Brettspiele, so etwa das Dame- und vor allem das Schachspiel, das aus Indien über Arabien nach Spanien und Unteritalien und von da nach Mitteleuropa gelangt war. Im Gegensatz zu heute ging es aber gerade bei dem als vornehm angesehenen Schachspiel keineswegs nur um die Ehre des Gewinnens, sondern die Spieler setzten oft hohe Summen ein, so daß es in einer Sittenlehre für junge Männer wohl mit gutem Grund heißt: »Schachspiel sollst du fliehen!«

Die Spielkarten dagegen, die aus China stammten und wahrscheinlich ebenfalls über Arabien ins Abendland gelangten, fanden in Deutschland erst nach 1300 Eingang, wurden also in der staufischen Zeit noch nicht gespielt.

Mehr als alle Spiele liebten junge Leute den Tanz. Aber je vornehmer die Gesellschaft, um so steifer der Tanz. Bei den Bauern, ja, da ging es so lustig zu, daß die hohen Herren oft neidvoll dem Drehen und der übermütigen Springerei zusahen. An den großen Höfen mochte zu festlichen Anlässen ein ganzes Orchester, bestehend aus Trommeln, Posaunen, Fiedeln und Harfen, aufspielen. Oft taten es aber auch ein paar Fiedler allein, und wo es auch die nicht gab, begnügte man sich mit dem Singen eines Tanzliedes, zu dessen Melodie dann Damen und Herren im Reigen mehr schritten als tanzten. Das paarweise Tanzen kam erst um 1400 auf. Die Bewegungen beim Tanz waren wohl sehr langsam und geradezu vorsichtig, denn ein Dichter erzählt, man habe dabei ein gefülltes Weinglas auf dem Kopf halten können, ohne einen Tropfen zu vergießen. Trotzdem heißt es einmal: »Wie die Kuh, die den anderen voranschreitet und am Hals die Schelle trägt, so hat das Weib, das zuerst singt und den Tanz anführt, eine Schelle des Teufels an den Hals gebunden.« Was würden wohl die eifrigen Kritiker, die für ein so harmloses Vergnügen solch scharfe Worte fanden, zu manchen heutigen Tänzen sagen? Die Franzosen waren übrigens den Deutschen in der Kunst des Gesanges und des Tanzes überlegen. So sagte ein französischer Sänger: »Die Deutschen will ich nicht lieben, denn mir tut das Herz weh von ihrem Krächzen und Bellen.«

So wie Gäste jederzeit willkommen waren, die von ihren Fahrten und Erlebnissen berichten konnten, so freuten sich die Burgbewohner auch über die fahrenden Sänger, die von den alten Sagen oder aus den neuen Romanen zu erzählen oder zu singen wußten. Nicht minder beliebt waren Gaukler, die tanzten, sprangen, Feuer fraßen und manche andere Kunststücke zu vollbringen wußten. Sogar Marionettentheater kannte man zu der damaligen Zeit bereits recht gut.

Während der Sommerszeit ergötzte sich die Gesellschaft am liebsten im Freien. Man warf den Ball, kegelte oder spielte ein dem Boccia ähnliches Kugelspiel mit solcher Begeisterung, daß sich sogar die Dichter darüber lustig machten. Zu den beliebtesten Vergnügungen der ritterlichen Gesellschaft gehörte die Jagd. Eigentlich traf man dabei gleich drei Fliegen auf einen Schlag, man vergnügte sich, außerdem konnten die Ritter bei der Jagd auf gefährliche Tiere ihren Mut und ihre Geschicklichkeit beweisen, und schließlich versorgte man auf diese Weise die Tafel mit dem begehrten Frischfleisch. Die Jagd galt als Vorrecht der Fürsten und vornehmen Herren, während die Bauern sich nicht gegen das Wild wehren durften, das oft genug ihre Felder verwüstete. Selbst das Einhegen der Saaten war ihnen oft verwehrt, um die Jagdgesellschaften nicht zu behindern.

Eine Schonzeit für das Wild gab es nicht, wir hören sogar von Hasenjagden im Frühjahr. Die Herren gingen entweder auf die Pirsch oder nahmen an einer Hetzjagd teil, wobei ihnen als Waffe der Jagdspieß, vor allem etwa beim Kampf gegen Bären und Eber, diente, während schnell flüchtendes Wild zumeist mit Pfeil und Bogen erjagt wurde. Oft zogen Damen und Herren gemeinsam aus, mehr um des Vergnügens als der Notwendigkeit willen, und solche Jagdgesellschaften konnten sich über mehrere Tage hinziehen. Dann wurde im Freien getafelt und in Zelten geschlafen, selbst die Geistlichen gingen mit und lasen ihre Messe an einem kleinen Tragaltar.

Als letzter Schrei für die vornehme Gesellschaft galt jedoch die Falkenbeize, eine wahrhaft königliche Kunst, schrieb doch kein anderer als der Staufenkaiser Friedrich II. ein Lehrbuch über die Falkenjagd. Er schildert darin die verschiedenen Arten der Falken, vom wertvollsten Gerfalken über die Edelfalken zu den Habichten und den Sperbern, und gibt dann Ratschläge für die sehr schwierige Dressur der Raubvögel, die so abgerichtet werden mußten, daß sie von der Hand des Jägers aus aufstiegen und Kraniche, Reiher, Fasanen, Hühner oder anderes Geflügel schlugen und auf den Lockruf hin zu ihrem Herrn zurückkehrten.

Das Bildnis des jungen unglücklichen Stauferkönigs Konradin, der in Neapel enthauptet wurde, zeigt ihn mit einem Begleiter auf der Falkenjagd. Der König wirft gerade einen Vogel in die Luft, damit er seine Beute annehmen kann, sein Begleiter trägt den Falken, genau der Vorschrift entsprechend, auf abgewinkeltem Arm und mit eingebogener Hand, die gegen die scharfen Fänge des Vogels mit dickem Lederhandschuh geschützt ist.

Der gestrenge Zuchtmeister

Spiel und Erziehung

So viel wir von Krieg und Kampf, von prächtigen Festen, Jagd und Vergnügen in der ritterlichen Zeit wissen, so wenig erfahren wir von der Jugend, von kindlichen Spielen, vom Lärmen und von der Erziehung. Das Bild aber, das wir uns aus den spärlichen Zeugnissen der Dichter und Chronisten machen können, unterscheidet sich im Grunde nicht allzu sehr vom Bild unserer heutigen Jugend. Nur bescheidener müssen sie damals gewesen sein. Da gab es keine Spielzeugläden mit allen nur erdenklichen Dingen. In einer einzigen Zeichnung finden wir eine Art mechanischen Spielzeugs, zwei Kriegerfiguren, die miteinander fochten, wenn sie an Schnüren bewegt wurden. Ansonsten dürfte das Steckenpferd bei den kleineren Buben sehr beliebt gewesen sein, während die größeren mit dem Blasrohr oder mit selbstgemachtem Pfeil und Bogen auszogen. Murmel spielte man wie heute noch, Ball und Kreisel, Schaukel und Blindekuh werden ebenso genannt wie Haschen und Versteckspiel. Singvögel, zahme Eichhörnchen oder kleine Hunde und Kätzchen mußten das mechanische Spielzeug unserer Tage ersetzen. Die Mädchen besaßen hübsch angezogene Puppen und irdenes Spielgeschirr.

Gewöhnlich begann für die Jungen mit sieben Jahren der »Ernst des Lebens«. Zu diesem Zeitpunkt setzte nämlich die Erziehung für den eigentlichen Beruf ein. Das konnte aber in einer ritterlichen Familie nichts anderes sein als die Vorbereitung auf den ritterlichen Stand und die Aufgaben als Krieger. So kam es also — im Gegensatz zu heute — weniger darauf an, wenigstens ein gewisses Maß an Wissen zu vermitteln, sondern auf praktische Fähigkeit und Gewandtheit im Waffenhandwerk und die Hinführung zu höfischem Betragen. »Höfisch«, das ist das Zauberwort. Der königliche oder fürstliche Hof und das Leben dort galten als das Ideal, das man anstreben sollte. Dort wurde die feine Sitte gepflegt, im Gegensatz zum Dorf, der Stätte flegelhafter Manieren und tölpelhaften Wesens. Ein »dörper« zu sein, galt als großer Schimpf, vielleicht

Zwei Jungen spielen mit Ritterfiguren, die sich an Schnüren bewegen lassen. Miniatur aus dem Hortus deliciarum der Herrad von Landsberg.

gleichzusetzen mit dem abfälligen Bauernlümmel. Heute noch klingt ja in den Worten höflich und hübsch die Verbindung an zum Hof und dem höfischen Leben des Mittelalters.

Mußten die Jungen und Mädchen »Zucht« lernen, so umfaßt dieser Begriff die Erziehung zur Sittlichkeit, Bescheidenheit, Selbstbeherrschung und zu äußeren feinen Sitten. Wenn Berthold von Regensburg in einer Predigt sagt: »Deshalb gibt man den Kindern hoher Herren Zuchtmeister, den Jungfrauen eine Zuchtmeisterin, die ihnen allerzeit und Zucht und Tugend lehren«, dann klingt heute das Wort Zuchtmeister in unseren Ohren reichlich anrüchig und erzeugt Alpträume von Zuchthaus und Stock. In Wirklichkeit war dieser »Zuchtmeister« nichts anderes als eine Art Privatlehrer, dem die Erziehung der ihm anvertrauten Kinder oblag. Er lehrte die Jungen und Mädchen zuerst einmal ein anständiges Benehmen. Sie »lernten reiten und gehen, mit Zucht sprechen und stehen«, heißt es wiederum bei einem Dichter. Wenn der bekannte Ritter Ulrich von Lichtenstein von seinem Zuchtmeister sagt, er »lehrte mich sprechen wider diu wip«, so heißt das beileibe nicht, daß er Widerrede gegen die Frauen lernte oder sie gar beschimpfen sollte, sondern er lernte erst einmal, sich mit den Frauen nach höfischer Art zu unterhalten, um nicht »dörperisch«

wie ein Tölpel mit offenem Mund dazustehen und zu glotzen. Doch meint einmal ein Hofkaplan, man brauche den Frauen gegenüber nicht gar zu gescheit zu erscheinen, es schade nichts, wenn man auch etwas Unsinn daherrede.

Zum guten Umgang gehörte auch die Kenntnis der höfischen Spiele, ein wenig Musik und nicht zuletzt Sprachkenntnisse, vor allem des Französischen. Die französische Gouvernante ist nicht etwa erst eine Erfindung der vornehmen Familie des 19. Jahrhunderts, denn schon siebenhundert Jahre früher pflegte man in Deutschland Franzosen als Kindererzieher zu engagieren. Es konnte durchaus vorkommen, daß ein Ritter zwar nicht schreiben, aber französisch sprechen konnte.

Überhaupt ist das Schreiben und das Lesen nicht gerade der Ritter Fach gewesen. Natürlich erlernten manche Knaben und Mädchen das Schreiben, indem sie auf kleinen Wachstäfelchen die Buchstaben mit dem Griffel nachritzten, aber nur die wenigsten haben es in dieser Kunst weit gebracht. Vor allem bei den Männern gab es zahlreiche Analphabeten. Der Dichter Hartmann von Aue betont ausdrücklich von sich selbst, er sei »so gelehrt gewesen, daß er in den Büchern las«, was wohl so viel bedeuten soll, daß er sich auch mit der wissenschaftlichen Literatur seiner Zeit auseinandersetzte. Wollte ein Vater seinem Sohn eine etwas sorgfältigere Bildung zuteil werden lassen, schickte er ihn, soweit in der Nachbarschaft eine Möglichkeit dazu bestand, an eine Klosterschule. In den »äußeren« Schulen der Klöster wurden dann solche Schüler, die nicht in den Orden eintreten wollten, im Schreiben, Lesen und Latein unterrichtet. Im Kloster St. Gallen zeigten sich die Mönche so fortschrittlich, daß sie ihre »externen« Schüler aus ritterlichen Familien in der Falkenjagd unterrichteten und Sport mit ihnen trieben. Aber der Besuch einer solchen Schule war schon wieder ein soziales Problem, denn die Mönche verlangten eine Art Schulgeld in Form von Naturalabgaben oder Schenkungen. Dann mußte der Ritter schon eine Wiese oder ein Stück Wald an das Kloster abtreten, damit sein Sprößling dort unterrichtet wurde.

Unart und Faulheit wurden hart bestraft, und die Lehrer sparten nicht mit der Rute, gleichgültig, ob es die Erzieher an einer Burg oder die Mönche im Kloster waren. Daß bei den jungen Raufbolden das Strafen nicht immer ganz einfach war, beweist die Erzählung von Wolfdietrich, den sein Erzieher, wollte er ihn strafen, immer erst binden lassen mußte. Dann verabreichte er ihm allerdings

Ringende Knaben. Abbildung aus einem »Ringerbuch« zu Beginn des 16. Jahrhunderts. Ähnlich dürfte es auch in der ritterlichen Zeit gewesen sein.

Das ist der Recht em lauff vñ
Stand: vñ dem hacken:

eine so tüchtige Tracht Prügel, daß der junge Recke für längere Zeit genug hatte. Von den Mönchen in St. Gallen hören wir, sie seien so verschwenderisch mit der Prügelstrafe umgegangen, daß den geplagten Schülern der Kragen platzte und sie in einer Art Protestaktion gleich einen Klostertrakt anzündeten!

Bei Frauen war es, was die Allgemeinbildung betraf, etwas besser bestellt. Manche von ihnen kamen ebenfalls an Klosterschulen, die es auch in den Frauenklöstern gab, andere wieder wurden daheim auf der Burg unterrichtet. Selbstverständlich mußten sie sich auch fleißig auf ihren Beruf als zukünftige Hausfrauen vorbereiten und erlernten das Nähen, Spinnen und das Anfertigen feiner Handarbeiten. Man konnte nicht einfach zum Schneider gehen und sich einen Anzug anfertigen lassen. Männer- wie Frauenkleidung mußten von der Burgherrin, ihren Mädchen und den Mägden selbst genäht werden. So ist es durchaus verständlich, wenn die Mädchen daheim in allen diesen weiblichen Künsten sorgfältig ausgebildet oder sogar an einen größeren Hof geschickt wurden, um dort auf ihre Hausfrauenpflichten vorbereitet zu werden. Sie gehören dort zum Gefolge der Fürstin und begleiteten diese auf ihren Wegen, da es als unschicklich galt, daß eine Dame allein ausging. Im übrigen wurden die Mädchen sehr streng gehalten und trafen nur selten mit den Männern zusammen, erzählt doch das Nibelungenlied, daß Kriemhild ihre Mädchen schalt, als diese bei der Ankunft Siegfrieds ins Fenster traten und nach den Gästen ausschauten. Siegfried weilte ein ganzes Jahr in Worms, ehe er zum ersten Mal Kriemhild zu Gesicht bekam.

Auch von der Heilkunst sollten die Frauen etwas verstehen, kam doch später oft genug einmal der Gemahl von einem Turnier oder aus dem Kampf zerschunden und zerschlagen nach Hause. Dann mußte rasch eine Hilfe zur Hand sein. Daß in einer Zeit, da Frauen auch häufig auszureiten pflegten, Mädchen wie Knaben mit Pferden umzugehen lernten, muß wohl nicht besonders hervorgehoben werden. Sie scheuten sich auch nicht, wie es zum Beispiel im »Erec« erzählt wird, das Roß in den Stall zu führen, das Sattelzeug abzunehmen, dem Tier Futter vorzulegen und es zu bürsten und zu striegeln. Wie bei den Knaben, wurde auch bei den Mädchen viel Wert auf das Erlernen der höfischen Anstandsregeln gelegt. So galt es für unschicklich, mit großen Schritten einherzugehen, umgekehrt durfte ein Mädchen auch nicht trippeln. Den Blick mußte es gesenkt halten, es sollte ja nicht einen fremden Mann anblicken oder ihn gar zuerst ansprechen. Lautes Sprechen oder Lachen ziemte sich ebenfalls nicht. »Wie der Falke auf dem Ast weder starr blickt, noch allzu beweglich den Kopf wendet, so soll der Blick der Frauen sein und ihre ganze Erscheinung wie die des glattgestrichenen Sperbers oder Sittichs«, so fordert ein Dichter.

Für den Knaben begann schon in frühester Jugend die Erziehung zum Waffenhandwerk. Wenn es der Vater dabei irgendwie ermöglichen konnte, vertraute er den Jungen einem befreundeten Ritter an.

Im »Parzival« läßt Wolfram von Eschenbach seinen jungen Helden zur Burg des Ritters Gurnemanz kommen. Dieser stellt mit Erschrecken fest, daß Parzival jegliches ritterliche Benehmen fehlt, belehrt ihn daraufhin, wie er sich als zukünftiger Ritter verhalten müsse und führt ihn dann in das Waffenhandwerk ein.

Die Jungen wurden oft regelrecht geschunden, um sich frühzeitig an das Ertragen von Strapazen zu gewöhnen. Sie lernten Reiten, Laufen, Klettern, Schwimmen, Springen und vor allem, mit den Waffen umzugehen. Anfangs diente ihnen als Waffe wohl ein hölzernes, später ein stumpfes Schwert, das sogenannte »Schirmschwert«.

Auch Ringen mußte er lernen, um den Gegner beim Kampf unterlaufen und so besiegen zu können. Als Lehrer im Ringkampf waren vor allem Engländer bekannt und gesucht. Schließlich gehörte noch das Üben mit der Lanze zur Ausbildung, wobei die Jungen entweder mit stumpfen Waffen einem Gegner entgegentraten oder, wie man es vor allem in Frankreich zu tun pflegte, mit spitzen Lanzen zu Pferd gegen Panzer und Schild anrannten, die an einem starken Pfahl befestigt waren. Hatte der Knabe einmal die nötige Geschicklichkeit erlangt, übte er mit den Gefährten zusammen und lernte, mit ihnen gemeinsam zu reiten und zu kämpfen, um einmal an den großen Turnieren oder später im Krieg zusammen mit den anderen angreifen zu können.

Mit zwölf Jahren wurden die Knaben auch schon an größere Höfe geschickt. Dort setzten sie ihre Waffenübungen fort, hatten aber noch andere Dienste zu verrichten, wie etwa Gäste zu empfangen, bei Tisch zu bedienen oder ihren Herrn zu begleiten. Sie hießen dann Knappen und standen unter der Aufsicht eines älteren und erfahrenen Genossen, des Meisterknappen. Diese Knappen mußten sogar mit in den Krieg ziehen, durften aber noch nicht mit dem Schwert kämpfen, sondern erhielten als Waffe eine eisenbeschlagene Keule. Ihre Ausbildung endete mit dem Tag ihrer Schwertleite. Aus dem Knaben war ein Mann geworden, den der Herr für seine treuen Dienste belohnte und der nun in feierlicher Form Aufnahme in die Gemeinschaft der Ritter fand.

Helden und Minne

Von ritterlicher Dichtung

Auf den ersten Blick mag es erstaunlich erscheinen, daß die doch so kämpferisch eingestellte ritterliche Zeit auch die deutsche Dichtung zu einem ersten glänzenden Höhepunkt führte. Nicht nur die bedeutendsten Krieger, auch die bedeutendsten Dichter gehörten dem Ritterstand an. Hartmann von Aues seltsames Eigenlob, daß er in Büchern lesen konnte, steht dabei keineswegs im Widerspruch zu der Reihe ritterlicher Dichter; denn mochte der Ritter auch auf die gelehrte Schreiberseele herabblicken, so gehörten für ihn kühnes Schwert und kühnes Lied zusammen, drückte sich gerade in der Dichtung ritterliches Wesen genauso aus wie im höfischen Leben, in Turnieren und im Kampf. Für uns heute ist neben der bildenden Kunst die Dichtung der schönste Ausdruck und zugleich die unerschöpfliche Fundgrube für das Leben in der höfischen Zeit.

Hatte bis dahin in der Dichtung die lateinische Sprache überwogen, gepflegt von den gelehrten Mönchen der Klöster, so trat an ihre Stelle jetzt das Deutsche, genauer gesagt, das »Mittelhochdeutsche«, das auf der Standes- und Dichtersprache der ritterlichen Kreise beruhte. Aber die Überlieferung ist dabei keineswegs einheitlich, denn eine gemeinsame Schrift- und Literatursprache hat es in Deutschland bis etwa 1500 nicht gegeben.

Mittelpunkte kulturellen Lebens, wo die neue Art der Dichtung ihre schönste Blüte fand, waren der staufische Kaiserhof, der Hof der Babenberger Herzöge zu Wien und nicht zuletzt die Wartburg, der Sitz des Landgrafen von Thüringen, dessen führende Stellung sich auch in der Sage vom Sängerkrieg auf der Wartburg widerspiegelt.

Geheimnisvolles Dunkel liegt über der Entstehung der bekanntesten und schönsten Dichtung dieser Zeit, des Nibelungenliedes. Auf den alten Sagen der Völkerwanderungszeit aufbauend, die über Jahrhunderte hindurch im Volk lebendig geblieben waren, schuf ein unbekannter Dichter, den wir wohl

Das Falkenlied des Kürnberger

Ich zôch mir einen valken / mêre danne ein jâr.
dô ich in gezamete / als ich in wolte hân
und ich im sin gevidere / mit golde wol bewant,
er huop sich ûf vil hôhe / und fluog in anderiu lant.

Sit sach ich den valken / schône fliegen:
er fuorte an sinem fuoze / sidine riemen,
und was im sin gevidere / alrôt guldin.
got sende sie zesamene / die gerne geliep wellen sin!

Ich zog mir einen Falken / mehr als ein Jahr lang.
Als ich ihn zähmte / wie ich ihn haben wollte,
Und ich ihm sein Gefieder / mit Gold schön umwand,
Da hob er sich zur Höhe / und flog in andere Land'.

Seither sah ich den Falken / schön fliegen:
Er führte an seinem Fuße / seidene Riemen,
Und sein Gefieder war / ganz rot von Gold.
Gott führe sie zusammen / die liebend beieinander wollen sein.

im oberösterreichischen Raum zu suchen haben, um das Jahr 1200 in zwei großen Teilen mit insgesamt neununddreißig Abschnitten, »Aventiuren«, wie er sie nennt, das Lied von Siegfrieds Tod und dem Untergang der Nibelungen. Das Wort Lied mag denjenigen, der zum erstenmal von dieser Art Dichtung hört, etwas verwirren. Eigentlich müßten wir hier wie bei den anderen großen epischen Dichtungen der ritterlichen Zeit besser von einem Roman sprechen. Aus den germanischen Helden der Völkerwanderungszeit sind in dem neuen Lied staufische Ritter geworden, und ritterliches Leben spiegelt nun jede Zeile des eindrucksvollen Werkes.

Im ersten Teil wirbt Siegfried, ein Königssohn vom Niederrhein, der den Drachen Fafnir erschlagen und den Schatz der Nibelungen gewonnen hat, zu Worms um die Hand Kriemhilds, der Schwester des Burgunderkönigs Gunther. Er begleitet Gunther nach Island, um diesem zu helfen, die Königin Brunhild als Weib zu gewinnen, die sich nur dem Freier vermählen will, der sie im Kampf besiegt. Mit Hilfe einer Tarnkappe, die er einst dem Zwergenkönig abgenommen hat, bezwingt Siegfried für Gunther die Königin und erhält dafür die Hand Kriemhilds. Zehn Jahre bleibt das Geheimnis des Betruges gewahrt, dann aber verrät Kriemhild in einem Streit ihrer Schwägerin, wer sie eigentlich bezwungen hat, und Brunhild sinnt nun, da das Geheimnis öffentlich bekannt wurde, auf Rache. Sie gewinnt Hagen von Tronje, den Gefolgsmann König Gunthers, für ihre Pläne. Hagen weiß, daß Siegfried einst im Blut des erschlagenen Drachen badete und dadurch unverwundbar wurde, ausgenommen eine Stelle zwischen den Schultern, auf die ein Lindenblatt gefallen war. Und er fordert Kriemhild auf, diese Stelle mit einem Kreuz zu zeichnen, damit er angeblich Siegfried besser schützen könne. Dann tötet er meuchlerisch den Helden auf einer Jagd im Wasgenwald, den Nibelungenhort aber versenkt er im Rhein.

Im zweiten Teil des Liedes steht Kriemhild im Mittelpunkt. Jahrelang hat sie geschwiegen und auf Rache gesonnen, und als Etzel, der Hunnenkönig, durch Rüdiger von Bechelarn um sie werben läßt, wird sie zu Wien die Gemahlin des Königs. Dann lädt sie Gunther, Hagen und ihre Brüder nach Ungarn an den

Der Minnesänger Ulrich von Lichtenstein bemühte sich stets um ein wirkungsvolles Auftreten. Dementsprechend ausgestattet zieht er auch zum Turnier. Sein Helm ist mit einer »Frau Minne« geschmückt. Er reitet zum Turnier, die Lanze, der Vorschrift entsprechend, in der rechten Armbeuge schräg eingelegt. Sie wird erst im letzten Augenblick vor dem Stoß gesenkt. Die Brechscheibe vor der rechten Hand schützt und bietet zugleich Halt.

Hof Etzels. Hagen warnt vor dem Zug ins Ungarland, er erfährt durch eine Weissagung, daß keiner der Burgunder die Heimat wiedersehen wird. Die Könige ziehen trotzdem an den Hof Etzels, wo bei einem Fest ein furchtbarer Kampf ausbricht, in dem zahllose Hunnen, aber auch alle Burgunder bis auf Hagen und Gunther den Tod finden. Kriemhild läßt die beiden durch Dietrich von Bern zu sich bringen. Als sie Hagen nach dem Verbleib des Nibelungenhorts befragt, erklärt ihr dieser, er müsse schweigen, solange einer seiner Herren am Leben sei. Da läßt Kriemhild den eigenen Bruder töten. Als ihr nun Hagen höhnisch erklärt, nun wisse nur er und Gott allein, wo der Schatz ruhe, da erschlägt ihn die Königin mit Siegfrieds Schwert. Doch in all dem Blut findet auch sie ein Ende, denn Hildebrand, der Waffenmeister Dietrichs von Bern, vermag den Tod so vieler Helden nicht mehr anzusehen und tötet Kriemhild. In Blut und Tränen endet so die Dichtung, die das ritterliche Heldenideal, zugleich aber auch tragische menschliche Größe beschwört.

Ganz anders der zweite große Heldenroman der staufischen Zeit, das Gudrunlied. Es wurde um 1230 nach einem alten Wikingerlied aus dem Ostseeraum in Süddeutschland nachgedichtet. Auch hier gibt es eine Fülle von Erlebnissen und bunten Gestalten, aber nicht Not und Tod, sondern Liebe und Freude stehen am Ende des Werkes, das wie das Nibelungenlied ebenfalls von einem unbekannten Dichter im österreichischen Raum geschaffen wurde. Auf alter Seefahrerdichtung aus dem Norden aufbauend, erzählt es die Geschichte der schönen Königstochter Gudrun. Um sie werben kühne Helden, Siegfried von Morland, der abgewiesen wird wie Hartmut von der Normandie. Auch Herwig von Seeland wird anfangs durch Hetel, den Vater Gudruns, zurückgewiesen, doch er belagert dessen Burg, und nach schweren Kämpfen wird ihm schließlich Gudrun als Braut versprochen. Nach einem Jahr soll er kommen und sie in sein Land führen dürfen. Doch der verschmähte Siegfried von Morland fällt in Seeland ein, und als Hetel seinem künftigen Schwiegersohn zu Hilfe eilt, nutzt nun seinerseits Hartmut von der Normandie die Gelegenheit, erobert die Burg Hetels und entführt Gudrun samt ihren Jungfrauen. Zwar verfolgen Hetel und Herwig die Entführer, es kommt zu einer großen Schlacht auf dem Wülpensand, in der aber Hetel und die meisten seiner Leute fallen. Herwig muß Verfolgung und Rache aufschieben.

Als Gudrun sich weigert, Hartmut zu heiraten und Herwig die Treue hält, läßt sie das Gerlind, Hartmuts Mutter, schwer büßen, und Gudrun und ihre Jungfrauen müssen dreizehn Jahre lang die niedrigsten Dienste verrichten. Inzwischen aber ist im Land der Hegelinge eine neue Mannschaft herangewachsen. Mit ihr landen Gudruns Bruder Ortwin und Herwig an der Küste der Normandie; hier treffen sie am Strand zwei Frauen, die barfuß in der Kälte waschen, und in einer erkennt Herwig seine Braut. Noch einmal kehren Gudrun und ihre Begleiterin in die Burg Hartmuts zurück, aber der nächste Morgen sieht das Heer der Hegelinge vor den Mauern. Sie erobern die Burg, die Königin Gerlind wird getötet, Hartmut gefangengenommen. Mit reicher Beute kehren die Hegelinge in die Heimat zurück. Nun löst sich alles in Wohlgefallen und Freude, nicht nur Gudrun und Herwig vermählen sich endlich, auch Ortwin heiratet die Schwester des gefangenen Hartmuts, die stets freundlich zu der armen Gudrun gewesen war, und selbst Hartmut und Siegfried von Morland finden noch eine Braut.

Wurzelten die Stoffe für diese Heldenlieder in der deutschen Sage, so gehen die meisten Gestalten der sogenannten höfischen Dichtung auf die französische Dichtung zurück. Doch haben auch ihnen die Dichter unverkennbar deutsche Züge gegeben. Diese Dichter sind für uns keine Unbekannten mehr wie die Schöpfer der großen Heldenlieder. Wir kennen ihre Namen und wissen sogar einige Einzelheiten aus ihrem Leben.

Da steht am Anfang Hartmann, Ritter und Dienstmann der Herren von Aue, der um 1160 geboren wurde. Seine Zeitgenossen schätzten von seinen Werken am höchsten die beiden Romane aus dem Sagenkreis um die Tafelritter des Königs Artus, »Erec« und »Iwein«. Tatsächlich gehören diese beiden Ritter auch zusammen, werden in ihnen doch die Gegensätze ritterlichen Wesens wunderbar deutlich. Beide, Erec wie Iwein, verstehen nicht das rechte Maß in ihren Handlungen zu wahren, wie es sich für einen echten Ritter ziemt. Aber während Erec sich nach seiner Vermählung in einem tatenlosen Leben verliert und erst wieder zu den ritterlichen Aufgaben zurückfinden muß, so sieht umgekehrt Iwein nur das Abenteuer und die Ritterfahrt und vernachlässigt sein Weib, bis nach manchem Abenteuer auch er den rechten Mittelweg erkennt. Drohte im »Erec« die Minne zur Gefahr für tätiges Rittertum zu werden, so bedroht im »Iwein« der Drang zum Abenteuer die Bindungen echter Minne.

Die heute bekannteste Dichtung Hartmanns aber, der einzige deutsche Stoff, den er bearbeitete, ist die Legende vom »Armen Heinrich«. Es ist die Geschichte eines Ritters, der ein prächtiges Leben führt, bis er von der furchtbarsten Krankheit seiner Zeit, dem Aussatz, befallen wird. Ruhelos zieht er in der Welt umher und sucht Heilung. Zu Salerno erklärt ihm ein Arzt, daß nur das Blut einer Jungfrau, die freiwillig ihr Leben zu opfern bereit ist, ihn heilen könne. Nun verzweifelt Heinrich an seiner Rettung. Doch da findet er in seiner Heimat auf einem seiner Güter ein zwölfjähriges Mädchen, das ihn liebevoll betreut und das schließlich bereit ist, sich für ihn zu opfern. Aber als in Salerno der Arzt schon alle Vorbereitungen zur Operation getroffen hat, verzichtet der Ritter freiwillig, weil er den Tod des Mädchens nicht verantworten will. Auf dem Weg in die Heimat weicht durch die Gnade des Himmels der Aussatz von Heinrich, er gesundet wieder und nimmt das Mädchen zu seiner Frau.

Fast im gleichen Alter wie Hartmann ist der Ritter Wolfram, der aus Eschenbach in Mittelfranken stammt. Ein reicher Herr mag er nicht gerade gewesen sein, sagt er doch einmal:

> »Daheim in meinem eigenen Haus
> erlabt sich selten eine Maus.«

Sein berühmtestes Werk hat er auch nach einer französischen Dichtung gestaltet. Es ist die Sage von Parzival und dem Gral, jener heiligen Schale, in der einst das Blut des Erlösers aufgefangen worden war und die auf einer Burg von Rittern bewacht und verehrt wird. Einsam und fern der Welt lebt der Knabe Parzival nach dem Tod des Vaters bei seiner Mutter Herzeloide. Er weiß nichts von den Menschen, nichts von Rittertum und Kampf, von dem ihn seine Mutter fernhalten will. Doch als er zum erstenmal einige Ritter erblickt, will auch er hinausziehen. Die Mutter schneidert ihm ein buntes Narrenkleid und läßt ihn so ziehen, einen jungen unbekümmerten Toren, der nichts von der Welt und ihren Schlechtigkeiten weiß. Unterwegs trifft er auf einen Ritter, den er im Kampf tötet. Er nimmt Roß und Rüstung und zieht an den Hof des Königs Artus, wo er zum Ritter geschlagen wird. Aber noch fehlt ihm ritterliche Zucht und Sitte. So reitet er weiter und trifft auf die Burg des alten Gurnemanz, der ihn freundlich aufnimmt und ihn in die Geheimnisse höfischen Lebens einweiht. Von dieser Burg aus gelangt Parzival auf ziellosem Ritt zur Gralsburg Monsalvatsch. Er sieht den Gral und seine Ritter, sieht auch den Gralskönig Amfortas, der an einer nie heilenden Wunde leidet, doch auch nicht sterben kann, weil ihm der tägliche Anblick des Grals immer wieder

Herr Wolfram von Eschenbach in voller Rüstung mit Kettenhemd und Waffenrock, auf dem Haupt einen gewaltigen Topfhelm mit silbernen Beilen als Zimier, die als Wappenbild auch auf dem Schild und der Sturmfahne zu sehen sind. Der Knappe neben ihm bändigt das feurige Roß durch einen Griff in die Nüstern.

neue Kraft gibt. Aber Parzival hat von Gurnemanz nur die Äußerlichkeiten höfischer Lebensregeln übernommen, als er lernte, daß er nie Neugierde zeigen und fragen solle. So unterläßt er es, sich aus natürlichem Mitleid nach dem Leiden seines Gastgebers zu erkundigen. Am nächsten Morgen findet er sich allein, und als er wieder an den Hof des Königs Artus zurückkehrt, erreicht ihn Kundrie, die Botin des Grals, und verflucht ihn, weil er kein Mitleid gezeigt hat. Erschüttert und verzweifelt zugleich verläßt Parzival den Königshof, ja er hadert mit Gott, der sein Verfehlen zuließ. »Ach, Mutter, was ist Gott?« Mit dieser Frage auf den Lippen beginnt er eine neue Irrfahrt, bis er endlich zu Trevrizent, einem Einsiedler, findet, der ihm den Weg zurück zu Gott weist und ihn lehrt, daß nur Demut vor dem Herrn ihn wieder zum Ziel seines Lebens, zum Gral, zurückführen könne. Parzival löst sich beim Abschied von Trevrizent aus seiner trotzigen Haltung. Noch dauern seine ritterlichen Irrfahrten an, doch als er wieder an den Hof des Königs Artus gelangt, erreicht ihn erneut eine Botschaft des Grals, daß er nun, nach der langen Bewährungszeit, ausersehen sei zum neuen Gralskönig. Wieder findet er den Weg nach Monsalvatsch. Nun stellt er, selbst geläutert, die mitleidsvolle Frage, Amfortas wird geheilt und Parzival neuer Gralskönig.

Standen im Nibelungen- und im Gudrunlied Tapferkeit, Treue und kämpferisches Heldentum im Vordergrund, so ist es im Parzival das Verhältnis des Ritters zu Gott. Mit diesem ungemein farbigen und in der Kraft seiner Sprache einmalig lebendigen Werk hat Wolfram wohl das größte und schönste der höfischen Epen geschaffen.

Noch aber fehlt uns zum Gottes- und zum Herrendienst die dritte Kraft staufischen Rittertums, das Bild des Frauendienstes, das uns als ein hohes Lied der Liebe in dem Epos von »Tristan und Isolde« des Gottfried von Straßburg begegnet. Viel wissen wir über den Dichter nicht. Daß er manchmal den Titel »Meister« erhält, deutet auf bürgerliche Abkunft im Gegensatz zu dem ritterbürtigen »Herrn« Wolfram von Eschenbach.

Noch ganz in der ritterlich heldischen Welt beginnt die Dichtung. Gottfried erzählt von der Jugend Tristans, wie er am Hof König Markes von Cornwall erzogen wird und sich zum Kampf gegen Morold von Irland rüstet, der Zins von Cornwall gefordert hat. Tristan erschlägt Morold, empfängt aber von dessen Schwert eine vergiftete Wunde, die nach des Sterbenden Worten niemand heilen kann als dessen Schwester Isolde, die Königin von Irland. Als Spielmann verkleidet, zieht Tristan nun nach Dewelin, dem Sitz der Königin, und Isolde heilt den Fremden, der sie zum Dank dafür im Saitenspiel unterweisen soll. Doch Tristan kehrt aus Furcht vor dem Erkanntwerden nach Cornwall zurück. Hier entschließt sich der verwitwete König Marke zu einer neuen Heirat und sendet Tristan als seinen Brautwerber nach Irland zu Isolde. Ein Schwertsplitter, der im Haupt Morolds geblieben war und in die Scharte von Tristans Schwert paßt, verrät diesen. Trotzdem kommt es zu einer Versöhnung, und Tristan führt Isolde auf dem Schiff nach Cornwall. Unterwegs aber trinken beide versehentlich einen Minnetrank, der für Marke und Isolde bestimmt war. Damit beginnt das Verhängnis: Tristan und Isolde müssen nun einander lieben. Um dieser Liebe willen kommt es immer wieder zu neuen Verwicklungen am Hofe Markes, bis Tristan schließlich Cornwall verläßt und in der Normandie Kriegsdienste nimmt. Hier lernt er eine andere Isolde kennen, Isolde Weißhand. Allein der Klang des geliebten Namens verwirrt ihn so, daß er beschließt, sie zum Weibe zu nehmen.

An dieser Stelle bricht Gottfrieds Dichtung ab, doch wir kennen aus einem anderen Werk den Fortgang der Erzählung. Nach seiner Vermählung erlebt Tristan eine Reihe von Abenteuern und Gefahren, dabei erhält er im Kampf eine schwere Wunde, die nur Isolde heilen kann. Sie wird auch herbeigerufen, doch die Gemahlin Tristans, die andere Isolde, erklärt dem Schwerverwundeten fälschlich, daß die immer noch geliebte Frau nicht auf dem ankommenden Schiff sei. So stirbt Tristan. Als Isolde den toten Tristan findet, sinkt auch sie entseelt neben ihm nieder. Die Liebenden werden zu beiden Seiten einer Kapelle bestattet, aus ihren Gräbern entsprießen eine Rebe und eine Rose, die sich über dem Dach der Kapelle unlöslich verschlingen.

Aber nicht nur die Sagenstoffe der höfischen Epen gelangen aus Frankreich nach Deutschland, auch ein anderes französisches Vorbild wirkt befruchtend auf die ritterliche Dichtung der staufischen Zeit und vereinigt sich hier mit den einfachen natürlichen Liedern des Volkes zu den Dichtungen des Minnesangs. Wir wissen, daß die hohe Minne zu den Pflichten des Ritters gehörte wie der Dienst für seinen Herrn. An den Fürstenhöfen in Südfrankreich hatten ritterliche Sänger, die Troubadoure, in ihren Liedern die Verehrung der Frau zum Mittelpunkt ihrer Kunst erhoben. Diese neue Richtung war auch nach Deutschland gelangt und hatte hier in den Liedern des Minnesangs ihren schönsten Ausdruck gefunden. Trotz ihrer Berühmtheit, die sie heute noch hat, war sie aber doch keine echte Volkskunst, blieb weitgehend auf jene schon eingangs erwähnten drei großen geistigen und kulturellen Zentren an den Fürstenhöfen beschränkt. Immerhin versuchten sich Vertreter aller Stände im Minnesang, Könige genauso wie die Vertreter des hohen und niederen

Adels, Ministeriale, Bürger aus verschiedenen Berufen, Schulmeister und Kaufleute darunter, und sogar ein paar Geistliche.

Nach den ungeschriebenen Gesetzen der höfischen Kunst mußte der Dichter sowohl den Text wie auch das Versmaß und die Melodie selbst ersinnen und den Vortrag seines Liedes mit Geige oder Laute einleiten und abschließen. Das Lied selbst war nach bestimmten Regeln aufgebaut, es konnte beliebig viele Strophen haben, die aber alle den gleichen Bau aufwiesen.

Durch eine glückliche Fügung ist uns ein großer Teil der damals bekannten Minnelieder erhalten geblieben, da ein kunstsinniger Herr sie im 14. Jahrhundert sammeln, aufzeichnen und mit wunderbaren Miniaturen, den Bildern der einzelnen Sänger, versehen ließ. Diese Manessische Liederhandschrift, wie sie nach dem Züricher Patrizier Manesse benannt wird, der das große Werk zumindest vorgeplant hat, liegt heute in der Universitätsbibliothek zu Heidelberg, ein kostbarer Schatz staufischer Dichtkunst und mittelalterlicher Buchmalerei.

In dieser Heidelberger Liederhandschrift, und in einigen kleineren Sammlungen ebenfalls aus späterer Zeit, finden wir eine Fülle von Liedern, die man später wieder herausgegeben hat unter dem schönen und treffenden Titel »Minnesangs Frühling«. Die lange Reihe der Minnesänger beginnt mit dem Kürnberger, der wahrscheinlich aus einem oberösterreichischen Geschlecht stammt und um 1160 dichtet. Daneben steht vor allem Heinrich von Veldeke, der aus dem Westen kommt und in dessen Liedern sich zuerst die Idealität und das Ethos des hohen Minnedienstes rein ausprägen. Kaiser Heinrich VI., der selbst Minnelieder hinterläßt, sammelt einen erlauchten Kreis von Sängern an seinem Hof. Dann aber bringen Heinrich von Morungen und Wolfram von Eschenbach, Reinmar von Hagenau und Walther von der Vogelweide das deutsche Lied in der staufischen Zeit zur künstlerischen Ausformung und Vollendung.

Der bedeutendste aller Sänger aber war Walther von der Vogelweide. Er wurde um 1170 wohl in Österreich geboren. Eine der wenigen Nachrichten aus seinem Leben stammt aus einer Rechnung des Bischofs von Passau, der ihm am 12. November 1203 zwölf Soldi zum Kauf eines warmen Pelzrockes schenkte. Ein armer Teufel, der von Burg zu Burg, von Hof zu Hof zog, dem der Winter an den Zehen zwackte, wie er selbst klagt, und der jubelt, als ihm endlich Kaiser Friedrich II. ein kleines Lehen bei Würzburg übertrug, das ihm im Alter die wirtschaftliche Unabhängigkeit sicherte: Das ist Herr Walther, und doch einer unserer stolzesten und größten Dichter, dessen Lieder selbst heute, nach mehr als siebenhundert Jahren, noch unvergessen sind. Zu Würzburg fand der Ruhelose seine letzte Ruhestätte, sein Grab ist heute vergessen.

Fast zweihundert Sprüche und Lieder umfaßt das uns bekannte Werk des Dichters. Jugend, Mannestum und Alter, Minnefreude, politischer Kampf und fromme Einkehr haben darin einen vollendeten Ausdruck gefunden. Walther ist neben Wolfram der größte Dichter des hohen Mittelalters in Deutschland. Trotzdem sind seine Gedichte eigentlich schon eine Überwindung des hohen Minnesangs. Seine schlichte und natürliche Sprache, die Einfachheit seiner Motive, die neben der »Hohen Minne« auch schon die »Niedere Minne« als Thema ermöglichen, sprengen bereits die höfische Konvention und folgen nicht mehr nur ständischen Gesetzen.

Wie kein anderer Dichter seiner Zeit engagierte sich Walther auch in den politischen Auseinandersetzungen. Scharf geißelt er die politischen Mißstände seiner Zeit, mischt sich ein in die Auseinandersetzung zwischen Kaiser und Papst und setzt sich mit allen seinen Kräften ein für das Imperium, für die Idee des Kaiserreiches. In einer Zeit, die weder Rundfunk noch Presse oder Fernsehen kannte, mußten seine mündlich weitergegebenen Lieder um so stärker wirken, zumal sie in ihrer Aussage genau das Empfinden und Denken vieler seiner Zeitgenossen trafen.

Mit Walther hat die Dichtung der staufischen Zeit ihren Höhepunkt erreicht und auch überschritten. Mit dem Interregnum endet auch die hohe Zeit ritterlicher Dichtkunst. Deutlich zeigt die Lieddichtung des bayerischen Ritters Neidhart von Reuenthal die innere Auflösung und Selbstzersetzung des höfischen Liedes. Das Bäuerlich-Volkstümliche gewinnt immer stärker an Bedeutung, und am Ende dieser Entwicklung steht das Grobe, das Komische und die Minne-Parodie. An die Stelle des Ritters tritt bald der Bürger in den Mittelpunkt der Dichtung.

Fast ein Zentner auf dem Rücken

Von Rüstung und Waffen

Rüstung und Waffen gehören zum Ritter und zur ritterlichen Zeit genauso wie die Burgen. Wer dächte nicht gleich an einen Reiter in schwerer Rüstung, der den prächtigen Helm auf dem Haupt trägt, mit seiner gepanzerten Faust das Visier aufklappt und mit kühnem Blick nach dem Feind Ausschau hält? Wir kennen die Bilder aus manchem Sagen- und Geschichtenbuch oder aus farbenprächtigen Breitwandfilmen, wo diese schwergepanzerten Gestalten mit eingelegter Lanze den Gegner anrennen, wir denken an Albrecht Dürers berühmten Kupferstich »Ritter, Tod und Teufel«, wir haben vielleicht in einem Museum oder in einer Burg schon vor solchen Rüstungen gestanden, die wie Eisenmänner aussehen.

Aber diese romantischen Vorstellungen helfen uns nicht sehr viel, sie treffen bestenfalls für eine Zeit zu, in der es zwar noch Ritterrüstungen, aber keine echten Ritter mehr gab. Für die staufische Zeit, die wahrhaft hohe Zeit des Rittertums, gilt es, ein doch etwas anders geartetes Bild einer Ritterrüstung zu zeichnen. Nicht das starre Plattensystem des Krebspanzers ist es, das uns auffällt, sondern das schmiegsame Eisengewand, der Harnisch. Sein Hauptstück wird bald Brünne, bald Halsberc oder auch Haubert genannt, wir würden es heute wohl als Panzerhemd bezeichnen. Ein langes, enges Gewand aus festem Tuch oder Leder war ursprünglich mit Eisenschuppen, später mit schmalen, oft sogar ineinander verflochtenen Eisenringen besetzt. Die Ärmel endeten zumeist in Handschuhen oder Fäustlingen; wollte der Ritter die Hand frei machen, zog er sie durch einen an der Handwurzel im Ärmel angebrachten Schlitz.

Zum Schutz von Hals und Kopf diente das Hersenier, eine am Panzerhemd befestigte Haube, wie dieses mit Ringen besetzt oder aus Kettenwerk geflochten, an deren rechter Seite noch ein verlängerter breiter Streifen, die Vinteile, herunterhing. Der Ritter zog das Hersenier über den Kopf,

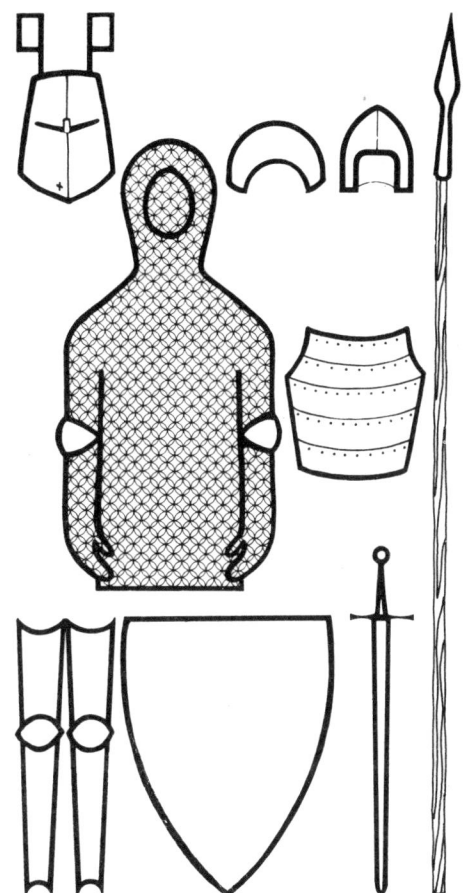

Schema der ritterlichen Bewaffnung um 1200:
Topfhelm mit Zimier, darunter als Kopf-
schutz eiserne bzw. lederne Haube oder
Eisenhut mit abwärts gerichteter Krempe
– Panzerhemd mit Hersenier und Hand-
schuhen, dazu den Plattenschutz – Bein-
und Armschienen aus Leder – kleiner
Dreiecksschild – Schwert und Lanze (3
Meter).

band dann die Vinteile fest um Kinn und Mund und befestigte sie mit einem Riemen. So blieben nur Augen, Nase und der Oberteil der Wangen frei. Wollte er essen, freier atmen oder sich zu erkennen geben, mußte er die Vinteile erst lösen.

Natürlich schützte man auch die Beine entsprechend. Dazu dienten die »Eisenhosen«, die – aus dem gleichen Material wie die Brünne hergestellt – den Fuß und das Bein bis hinauf zum Oberschenkel eng umschlossen und an einem Gürtel befestigt waren. Um sie anziehen zu können, mußte sich der Rittter auf den Boden setzen und die Strümpfe an seinen Beinen hochrollen lassen. Nun konnte aber im Kampfgewühl der Gürtel reißen oder gar durch einen Schwerthieb zerhauen werden; das war gefährlich, denn dann fielen die Eisenhosen herunter und entblößten die Beine. Da es auch vorkam, daß einem Kämpfer das Schwert unter das Kettenhemd in den Leib gestoßen wurde, fertigten sich kluge Ritter Rock und Hose aus einem Stück. Besonders reizvoll mögen sie dabei nicht ausgesehen haben, und spannen mochte so eine Hemdhose auch, aber sie gewährte dem Träger dafür eine beachtliche Sicherheit.

Erst gegen Ende der staufischen Zeit kam neben dem Panzerhemd noch der Plattenschutz oder — wie die französische Bezeichnung lautete — die »plates« in Gebrauch. Das waren Eisenlamellen oder Plättchen, die horizontal oder vertikal auf eine Leder- bzw. Stoffjacke aufgenietet wurden. Im übrigen konnten die Knie genauso wie die Brust noch mit Metallplatten geschützt werden, ohne daß diese Platten die Form des später so bekannten Panzers annahmen.

Sicher hat der Ritter in einem solchen Eisengewand einen stattlichen Anblick geboten, zumal dieses sich an die Form des Körpers gut anschmiegte und gewöhnlich auf Hochglanz poliert war, bis es wie »Eis oder Schwanenweiß« glänzte. Zudem legten die Ritter noch darüber den Waffenrock oder Kursit an, wie er auch genannt wurde, einen ärmellosen Rock, der bis zu den Knien reichte und hinten aufgeschlitzt war, um nicht beim Reiten zu behindern. Dieser Waffenrock hatte eine doppelte Aufgabe zu erfüllen, einmal eine praktische, indem es die Brünne vor Feuchtigkeit und, was beinahe noch wichtiger war, vor allzu kräftiger Sonnenbestrahlung schützte, und zum andern um dem Träger ein besonders prächtiges und stattliches Aussehen zu verleihen. Oft aus kostbaren Seidenstoffen gefertigt, prangte es in den Farben des Schildes und war mit dem Wappenzeichen bestickt, so daß es gleichzeitig als Erkennungsmerkmal diente.

Die Krönung der Rüstung bildete der Helm. Das heißt, er gewann eigentlich erst im Laufe der ritterlichen Zeit immer mehr an Bedeutung und damit auch an jenem kriegerisch-unheimlichen Aussehen, das wir an den alten Ritterhelmen gewohnt sind. Ursprünglich war er nichts anderes als ein topfförmiger oder konisch zulaufender Eisenhut mit einem vorn an der Helmglocke angenieteten Nasenschutz, der erst nach 1170 zu einer Platte mit Augenschlitzen und Luftlöchern verbreitert wurde. Diese sogenannte »Barbiere« wurde dann später beweglich gemacht und konnte aufgeklappt werden.

Zu Beginn des 13. Jahrhunderts kam der zylindrische, flachscheitelige Topfhelm, der typische Helm der ritterlichen Zeit in Gebrauch. Zeitgenössische Bilder und Plastiken zeigen ihn häufig; aus einem Stück geschmiedet, manch-

mal auch aus mehreren Platten zusammengenietet, mit schmalen Augenschlitzen und verschiedentlich auch mit Luftlöchern. Als Kübelhelm wurde
er allmählich so vergrößert und ausgeweitet, daß er auf den Schultern aufsaß
und der Ritter seinen Kopf darunter frei bewegen konnte. Er trug dann meistens
noch eine besondere Hirn- oder Kesselhaube zum Schutz des Schädels. Da
so ein Helm ein beachtliches Gewicht aufwies, stülpten ihn die Herren immer
erst unmittelbar vor dem Kampf oder dem Turnier über.

Dann allerdings waren sie nicht mehr zu erkennen, und um sich vor allem
im Turnier deutlich hervorzuheben, brachten sie auf den Helmen noch die
Helmzier oder das Zimier an. Gleich führte das wieder zu einer Mode mit
den entsprechenden Auswüchsen. Da gab es kleine und große Figuren aus
Stoff, Leder oder Holz, Drachen, Löwen, Fabelwesen. Meist waren diese Helm-
zieren so verfertigt, daß sie abgenommen werden konnten. Beim Marsch oder
beim Kampf trug man sie nicht, in den Ruhepausen dagegen konnten sie
rasch aufgesteckt werden. Helmzier und Wappenbild gehörten zusammen und
spielen auch heute noch in der Heraldik oder Wappenkunst eine wichtige
Rolle.

Wenn nun der Ritter seinen Helm aufsetzte, war er gerüstet. Bequem mochte
seine Ausrüstung nicht gerade gewesen sein: Unter der Brünne trug er schon
ein kräftiges, schweres Unterzeug, um den Leib noch ein Senftenier, wahrscheinlich eine gepolsterte Binde, die gegen Stöße schützen sollte, über der
Brünne das schon erwähnte Kursit, das Wappenkleid, um das Gesicht die
Vinteile und dann noch den schweren Topfhelm auf dem Haupt. Ein so wohl-
verpackter Ritter mußte aber nicht nur Luft holen können, was schon manchmal schwerfiel, mußte nicht nur laufen und reiten, sondern schließlich, was
ja der Zweck des Ganzen war, auch kämpfen. So ist es kein Wunder, wenn
wir bei Turnieren und Schlachten des öfteren hören, daß Ritter im Gewühl
erstickten!

Das 14. Jahrhundert brachte in der Rüstung insofern einen Wandel, als die
Platten auf der Brust, dem Rücken und den Beinen über dem Kettenpanzer
noch schwerer und unbequemer wurden. Aus diesen Platten entwickelte sich
der berühmte, bis zu den Tagen Maximilians I. gebräuchliche Krebspanzer,
den wir im landläufigen Sinn eben als Ritterrüstung bezeichnen und in dem
sich die Kämpfer wie Krebse ausnahmen, deckten doch die Metallplatten fast
alle Teile des Körpers. Der Träger einer solchen Rüstung mußte rund fünfundzwanzig Kilogramm Eisenzeug mit sich herumschleppen! Solche Rüstungen
waren aber auch schon kleine technische Kunstwerke, denn die einzelnen

Entwicklung des Helms (von links):
Der alte Helm reichte nur bis zur Stirn, an den unteren Rand wurde ein Eisenband angeschmiedet, das gerade die Nase bedeckte.

Um 1170 trat an die Stelle des Nasenbandes die Barbiere, eine fest mit dem Helm verbundene Platte, mit Augenschlitzen und Luftlöchern.

Teile, wie Brust- und Rückenharnisch, Achselstücke, Armröhren, Armkacheln für den Ellbogen, Schenkeldecken, Kniekacheln und Beinröhren, mußten nicht nur mit Riemen, sondern auch mit Haken und Federbolzen versehen werden, damit man sie nach Bedarf auf- und zuklappen konnte. Amüsant ist dabei, daß die Mode auch vor den Rüstungen nicht halt machte. So zeigten in der Mitte des 15. Jahrhunderts die Harnische scharfe, spitze und kantige Formen, während sie im 16. Jahrhundert die getriebenen Wülste und geschlitzten Ärmel der Tracht nachahmten. An diesen Formen läßt sich noch leicht erkennen, ob etwa ein Zeichner auf einem Bild eine Rüstung auch zeitlich richtig eingeordnet hat, denn nur zu oft und zu leicht wird gerade hier gesündigt.

Zu einer guten Rüstung gehörten aber auch gute Waffen, auf sie legte jeder Kämpfer den größten Wert. »Schwert ist ein ritterlich Gewand«, heißt es im Rolandslied, und damit wird die große Bedeutung des Schwertes hervorgehoben, das jeder Ritter hoch in Ehren hielt. Er trug es im Kampf umgeschnallt und bei festlichen Gelegenheiten in der Hand. Auch auf dem Grabmal ist er gewöhnlich mit seinem Schwert abgebildet. Auf Qualität und Schönheit dieser Waffe wurde größter Wert gelegt. Oft erhielt ein Schwert von seinem Besitzer sogar einen Namen, kennen wir doch aus den großen Heldendichtungen die Schwerter Balmung, Eckesachs, Miming, Nagelring; Rolands Schwert hieß Durindarte, das von König Artus Escalibor. Die Schwertklinge war auf beiden Seiten geschliffen, die Schneide hieß »ecke«, der oft mit einer Blutrinne versehene Mittelteil »valz«. Oft zeigten die kostbar verzierten

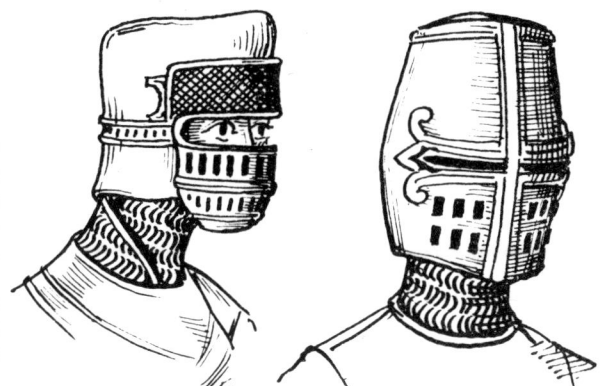

Um 1220 reichte der Helm bis tief in den Nacken. Die Barbiere war nun beweglich mit Schnüren befestigt.

Um die gleiche Zeit kam der Topfhelm auf, der vorn über das Kinn und hinten bis zum Nacken reichte.

Klingen sogar Sprüche eingraviert. Gerade die deutschen Schwerter wiesen manchmal Klingen auf, deren Anblick allein schon Furcht erregte. So war das Schwert Konrads von Winterstetten, eines Vertrauten des Kaisers Friedrich II., etwa sechzehn Zentimeter breit und einhundertvierzig Zentimeter lang! Daß mit solchen Ungetümen ein Mann mit einem Streich gefällt werden konnte, wie die Dichter oft erzählen, ist durchaus verständlich. Doch dürfen diese großen Schwerter nicht mit den »Zweihändern« verwechselt werden, wie sie drei Jahrhunderte später die Landsknechte mit sich herumschleppten. Auch das größte Schwert der Ritterzeit mußte noch am Schwertgurt getragen werden können. Doch entsprechend der Länge der Klinge war auch der Griff so groß, daß es im Notfall — aber nur dann — auch mit beiden Händen geschwungen werden konnte; »helze« nannten die Ritter diesen Griff und »knopf« seinen Knauf. Griff und Parierstange waren oft kostbar verziert, manchmal sogar aus Silber oder Gold. Es gab auch Schwerter, deren Griff Reliquien verborgen enthielt. Auf diese Reliquien konnten Eide geleistet werden, nicht aber, wie man so häufig liest, auf das von Klinge, Parierstange und Griff gebildete Kreuz. Um es vor unnötigen Scharten zu bewahren, und gleichzeitig zur Sicherung, steckte das Schwert in einer Scheide aus Holz mit Leder überzogen. Doch es gab auch kostbare goldene, prächtig verzierte, ja mit Edelsteinen besetzte Schwertscheiden. Doch dürften diese Prunkexemplare kaum für den harten Alltag bestimmt gewesen sein.
Neben dem Schwert trugen die Ritter auch manchmal einen Dolch, aber als besonders ritterlich scheint diese Waffe nicht gegolten zu haben, genauso

wenig wie die Streitaxt, die noch bis ins 10. Jahrhundert hinein gebräuchlich war. Ein echter christlicher Ritter verließ sich auf sein Schwert und auf seinen Speer. Dieser Speer — oder die Lanze — bestand aus zwei Teilen, dem Schaft, zu dem man aus Vorliebe das zähe Holz der Esche, aber auch Tanne, Eibe oder Apfelbaumholz verwandte, und aus der Lanzenspitze. Einer besonderen Zurichtung bedurfte das Holz des Schaftes nicht, man schälte allenfalls die Rinde ab und behobelte die Stangen manchmal vier- oder achteckig. Etwa drei bis dreieinhalb Meter lang, wogen sie doch immerhin sechs bis acht Kilo. Mit so einem recht unhandlichen Ding mußte ein Ritter schon lernen umzugehen, wollte er seinen Gegner richtig treffen. Die stählerne Spitze, das Speereisen, wurde auf die Lanze aufgesteckt oder, besonders bei Kriegslanzen, gleich fest angeschmiedet. Als besonders gefährlich galten dreikantige Spitzen, da sie Wunden verursachten, die kaum heilten. Bei Turnieren dagegen kämpften die Ritter ohne diese scharfen Spitzen, doch ein geschickter Kämpfer konnte auch mit einem kräftigen Stoß der stumpfen Lanze seinen Gegner ohne weiteres aus dem Sattel heben. Selbst im ersten Kampf erhielt die Lanze zur Zierde noch ein kleines Banner, sei es, um die Wappenfarben auch hier zu zeigen, sei es aber auch, um das Pferd des Gegners scheu zu machen. Oft kam es auch vor, daß die Damen ihren Verehrern den Ärmel eines Kleides, ein Kopf- oder Halstuch schenkten, das der stolze Ritter an Stelle des Fähnchens an seiner Lanze befestigte. Übrigens wurde die Lanze gewöhnlich nur zum Stoß gebraucht, die Wurflanzen der älteren Zeit, von denen noch im Waltarilied und auch zweimal im Nibelungenlied die Rede ist, kamen in der staufischen Epoche weitgehend außer Gebrauch.

Schließlich gehörte zur Ausrüstung eines Ritters noch der Schild. Da er den Ritter gegen Lanzenstöße und Schwerthiebe schützen sollte, mußte er entsprechend fest und widerstandsfähig sein. So wurde er aus einer oder zwei Lindenholzschichten gefertigt, mit Leder überzogen und meist noch mit Eisen beschlagen. Die Mitte zierte der stärker vortretende Schildbuckel, ein Eisenbeschlag, der zum besonderen Schutz der Hand diente, die an dieser Stelle auf der Rückseite den Schild festhielt. Der Ritter hängte ihn außerdem noch an einem Riemen um den Hals. Diese doppelte Sicherung war wegen des beträchtlichen Gewichtes notwendig. Im 12. Jahrhundert zeigten die Schilde noch eine Länge von einem bis eineinhalb Meter und waren daher auch recht unhandlich. Auf ihnen konnten schon die Toten vom Schlachtfeld weggetragen werden, wie immer wieder Dichter und Chronisten erzählen. In der staufischen Zeit wurden sie kleiner, dafür aber breiter; unten spitz zulaufend, glichen sie in der Form fast einem gleichseitigen Dreieck. Die Vorderseite war gewöhnlich prächtig in den Wappenfarben mit den Wappenbildern bemalt. An diesen Wappen erkannte man den Ritter; sie vererbten sich vom Vater auf den Sohn, und konnte ursprünglich ein Ritter auch ein Phantasiebild führen, so galten von der Mitte des 13. Jahrhunderts an strenge Regeln für das Tragen solcher Wappen.

Im Kampf stützte der Ritter den Schild fest auf sein Knie und schützte so Leib und Brust. Auch zum richtigen Halten des Schildes gehörte eine gewisse Übung, damit er nicht schief hing oder gar liederlich baumelte. »Sich ritterlich unter dem Schilde zeigen«, gehörte mit zur Erziehung des jungen Ritters.

So gerüstet, mögen Roß und Reiter einen stolzen Anblick geboten haben: das Roß in eine prächtige bunte Seidendecke mit den Wappenfarben gehüllt, die nur Nüstern und Augen frei ließ, der Reiter selbst mit einem Rock in den gleichen Farben gekleidet; an seinen Armen und Beinen schmiegte sich der silber-weiß glänzende Ringpanzer an, am weißen Rittergurt hing an der linken Seite das prächtige Schwert, die rechte Hand hielt die Lanze mit dem Fähnchen, die linke den Schild in den Wappenfarben, auf dem Haupt trug er den schweren Helm, mit prächtigem Zimir.

Aber auf den Bildern nahm sich alles schöner aus als in der Wirklichkeit. Helm und Rüstung wogen bis zu zwanzig Kilogramm und mehr, das Schwert bis zu drei Kilo, dazu kam noch das Gewicht der Lanze und des Schildes, die, je nach ihrer Größe, zusammen auch noch einmal zehn oder mehr Kilo wiegen konnten. Somit ergab sich ein beachtliches Gewicht, das ein Ritter mit sich herumschleppen mußte. Was alles zur Kriegsausrüstung gehörte, wissen wir nicht genau. Wahrscheinlich hing das auch wieder von der sozialen Stellung des einzelnen ab. Aber wir kennen die vorgeschriebene Ausrüstung bei dem Ritterorden der Templer. Danach erhielt jeder dieser Ritter ein Panzerhemd, Eisenhosen, Helm oder Eisenkappe, Schwert, Schild, Lanze, eine Keule, ein Dolchmesser, Schulterschutz und Eisenschuhe, einen Waffenrock, zwei Hemden, zwei Beinkleider, zwei Paar Strümpfe, eine Leibbinde, den Ordensmantel und einen rauhhaarigen Pelz.

Wenn wir sagten, daß Dolch und Streitaxt nicht als ritterliche Waffen galten, so heißt das keineswegs, daß sie nicht in Gebrauch gewesen wären. Denn im Krieg spielte ja neben dem Ritter auch das Fußvolk eine wichtige Rolle. Zu dessen hauptsächlichsten Waffen gehörten Pfeile und Bogen. Die aus Holz geschnitzten Bogen wurden, um ihnen größere Elastizität zu geben, mit einer Hornschicht belegt und mit Rindersehnen umwunden. Die Bogensehne selbst bestand aus zusammengedrehten Ziegenhäuten. Die mit Stahlspitzen und Widerhaken versehenen Pfeile bildeten eine nicht zu unterschätzende Waffe, gingen doch in der Schlacht oft die Pfeile, wie ein Dichter sagt, so dicht wie Schneegestöber nieder, und als Länge für einen Bogenschuß galten etwa dreihundertfünfzig Meter!

Um das Jahr 1200 kam eine neue Waffe auf, mit der man noch sicherer schießen konnte: die Armbrust. Der Volksmund prägte den Namen durch Verballhornung eines lateinischen Wortes arcubalista, das heißt Bogenwurfmaschine. Die Armbrust hatte zwar den Nachteil, daß sie nur umständlich mit Hilfe eines kleinen Apparates oder nur von einem sehr kräftigen Mann gespannt werden konnte, dafür war aber ihre Treffsicherheit und vor allem die Durchschlagskraft der Bolzen größer, die auf kürzere Entfernung sogar einen Panzer durchschlagen konnten. So erfreute sich die Armbrust bald großer Beliebtheit. Im Jahre 1282 verfügte zum Beispiel das Fußvolk Eduards I. von England über siebzigtausend Bolzen.

Um 1250 jedoch begann sich jene Wende anzubahnen, die den großen Umsturz in Bewaffnung und Kriegführung mit sich bringen sollte. Damals gelangte nämlich die Kenntnis des Schießpulvers aus China nach Europa, wenn es auch noch sehr lange dauerte, bis Schießpulverwaffen im Kampf eingesetzt wurden. Der älteste wirklich zuverlässige Bericht über die Verwendung eines Geschützes durch Deutsche geht auf das Jahr 1331 zurück; damals schossen deutsch-österreichische Ritter bei einer Belagerung in Oberitalien mit einer »Vasa«, einem vasenförmigen Geschützrohr, gegen eine Stadt. Der Bericht fügt aber tröstend hinzu, daß es nichts schadete!

Erst um 1380 entwickelte angeblich ein Mönch, Berthold der Schwarze, die Kunst, mit Pulver aus metallenen Rohren zu schießen.

Die Tätigkeit dieses Mönches, über dessen Leben wir nur wenig wissen — eine Chronik erzählt, er sei eben wegen der Kunst, die er entwickelt habe, im Jahre 1388 hingerichtet worden — brachte natürlich eine ungeheure Veränderung in der Bewaffnung und Kriegführung. Noch brauchte man zum Laden eines Geschützes etwa eine Viertelstunde, und ebenso lange dauerte es bei den ersten einfachen Handfeuerwaffen. In der Zeit, in der ein Schuß aus so einem Feuerrohr abgegeben werden konnte, schoß ein geübter Bogenschütze immerhin einhundertachtzig Pfeile ab! Dazu kam noch die schlechte Treffsicherheit und die geringe Durchschlagskraft der Geschosse, die unter der eines Armbrustbolzens lag. Es ist nicht verwunderlich, daß erst Kaiser Maximilian, der letzte Ritter, 1507 die Armbrust als Kriegswaffe abschaffte.

Gefährliches Vergnügen

Turniere und Zweikampf

Der 12. August des Jahres 1127 war ein denkwürdiger Tag. Nicht etwa, daß ein Herrscher gekrönt, in einer Schlacht ein Sieg errungen wurde, nein, viel unbedeutender, aber doch wichtig genug: An diesem Tag wurde vor den Mauern der alten fränkischen Bischofsstadt Würzburg das erste Turnier auf deutschem Boden abgehalten. Die staufischen Herzöge Friedrich und Konrad veranstalteten dieses neuartige Ritterspiel aus Trotz gegen Kaiser Lothar, den sie in der Stadt belagerten. Wahrscheinlich hat keiner der Teilnehmer geahnt, welch großer Beliebtheit sich dieses Kampfspiel in den nächsten Jahrhunderten noch erfreuen würde.

Dichter besangen die Turniere, Maler bildeten immer wieder Kampfszenen ab. Auf der anderen Seite steht das strenge Wort der Kirche von den »verabscheuenswerten Handlungen«, steht die Tatsache, daß drei Konzilien 1139, 1179 und 1193 die ritterlichen Turniere verwarfen, den Geistlichen jede Beteiligung verboten und den dabei Verunglückten das christliche Begräbnis verweigerten.

Doch nicht alles, was wie ein Ritterkampf aussah, war auch wirklich ein Turnier. Vielfach wird in Geschichts- und Geschichtenbüchern der Ausdruck entweder zu großzügig oder zu verschwommen verwendet.

Da gab es einmal den Einzelkampf, die Tjost, Mann gegen Mann, die dem eigentlichen Turnier vorangehen konnte. »Wa nu, wa nu, wa ein Ritter, der Tjostierens gehrt? Der soll kommen hera her!« rief der Knappe des Herausforderers. Wenn ein Ritter annahm, dann steckten die Knappen rasch eine Kampfbahn ab, die Zuschauer bildeten einen großen Kreis, die Gegner stiegen zu Pferd und rannten mit eingelegten Lanzen gegeneinander an. Jeder versuchte dabei, den anderen mit einem kräftigen Stoß aus dem Sattel zu heben. Zwei Stoßarten waren dabei üblich, »unter das Kinn« und »zu den vier Nägeln«. Der erste, schwierige Stoß traf den Kämpfer an der Kehle und be-

Turnierszene. Miniatur aus der Bilderchronik von Kaiser Heinrich VII.. Die Ritter kämpfen mit stumpfen Speeren, deren Spitzen mit einfachen Zacken, den »Krönlein«, besetzt sind.

täubte ihn so, daß er den Halt im Sattel verlor und rückwärts über die Kruppe des Rosses zu Boden stürzte. Der zweite, leichtere, richtete sich genau gegen den mit Nägeln befestigten eisernen Schildbuckel. Zwar zersplitterte in einem solchen Fall zumeist die Lanze, aber der gewaltige Stoß warf auch hier den Gegner aus dem Sattel. Es galt aber als unschicklich, ihn dabei nun zu überrennen. Der Reiter mußte sein Roß so in der Gewalt haben, daß er es nach dem Stich noch zur Seite lenken konnte. Oft rannten die Kämpfer vergeblich gegeneinander an, saßen fest im Sattel und zersplitterten höchstens die Speere. Dann tönte der Ruf »Spera, herre, Spera, Sper«, und mit neuen Lanzen begann ein neuer Anlauf. Ulrich von Lichtenstein hat am 1. Mai 1224 dreißig Speere verstochen und am nächsten Tag gegen sechs Gegner nochmals fünfundzwanzig. Immerhin warf der »tapfere« Mann in vier Wochen, in denen er dreihundert Speere verstach, nur sechs Ritter vom Pferd! Von Gahmuret heißt es im »Parzival«, daß er an einem halben Tag hundert Speere verbrauchte. Daß es bei einer Tjost nicht allein um die Ehre ging, wie uns die Dichter so schön erzählen möchten, sondern wahrscheinlich auch die Preise eine gewisse Rolle spielten, beweist wiederum der schon erwähnte Ulrich von Lichtenstein, der jedem Gegner einen goldenen Fingerring verhieß, dem aber, der ihn aus dem Sattel heben könne, alle Rosse, die er mit sich führte.

Eine zweite Art des Waffenspiels war der Buhurt. Der Name kommt dabei von dem Wort Hurte, das soviel wie Anrennen, Anprall bedeutete. Damit ist schon das Wesentliche über den Buhurt ausgesagt, bei dem es hauptsächlich auf das gegenseitige Anrennen und das Zerbrechen vieler leichter Speere ankam. Die Mitspieler, so müssen wir hier wohl besser statt Kämpfer sagen, trugen keine Panzer und waren nur mit Schild und Speer gewappnet. Ja, es ging sogar ohne Speere, und die Ritter bewiesen, wie etwa 1184 auf dem großen Hoffest zu Mainz, nur ihre Geschicklichkeit im Reiten. Das hört sich einfach an, wenn wir aber bedenken, daß in Mainz zwanzigtausend Ritter in diesem Kreis ihre Pferde getummelt haben sollen, so bekommt das leichte Spiel schon ein anderes Gesicht.

Als Krone aller Waffenspiele aber galt das Turnier selbst. Hier kommt der Name aus dem Lateinischen und leitet sich von tornus, Drehscheibe, ab. Im Turnier traf eine größere Zahl Ritter sich zum harten Kampf, wie er bei der Tjost üblich war. Ein Turnier diente aber nicht nur zum Beweis ritterlicher Geschicklichkeit, es war zugleich Abbild einer wirklichen Reiterschlacht, Übung für den Ernstfall. Wenn wir hören, daß an einem Turnier bis zu viertausend Ritter teilnahmen, dann können wir uns leicht vorstellen, welche Bedeutung so einem Kampf zukam und welch große Vorbereitungen er erforderte. Wir sind über die Zahl der wirklichen Turniere nicht genau informiert, dürfen aber wohl sagen, daß es entgegen früherer Meinung nicht allzu viele gewesen sein mögen. Häufig werden nämlich Buhurte und Tjosten fälschlicherweise mit Turnieren gleichgesetzt.

Die Veranstalter wählten einen günstigen Termin schon auf lange Sicht, damit die Nachricht auch in die entlegensten Gebiete dringen konnte. Sie vereinbarten den Ort, die Zahl der Kämpfer und die Höhe des Lösegeldes für die Gefangenen. So erzählte das Nibelungenlied, daß Rüdiger von Bechlarn nach Worms zog, mit einem Sperber auf der Hand, um sich als friedlicher Bote zu legitimieren und die Bedingungen für ein Turnier festzulegen.

Dann aber begann das große Rüsten und Putzen. Die Ritter suchten ihre besten Rüstungen und Waffen heraus, die Damen ihre schönsten Kleider, denn ein Turnier begeisterte nicht nur die Kämpfer, sondern ebenso die Zuschauer. Man konnte leicht alte Bekannte treffen, neue Freundschaften schließen, ja selbst zur Brautschau nutzte man das Turnier, sah doch mancher besorgte Vater, ob der künftige Eidam auch tapfer und geschickt genug war, seine Burg zu verteidigen und es mit seinem Gegner aufzunehmen. Von dem fahrenden Volk und den Händlern, die bald den Turnierort bevölkerten, soll hier gar nicht die Rede sein.

Teilnehmen durfte an einem Turnier jeder Ritter. In England verband einmal der geschäftstüchtige König Richard Löwenherz das Angenehme mit dem Nützlichen, indem er die Herren für ihr Vergnügen zahlen ließ. Den Grafen zum Beispiel knöpfte er nach heutigem Geld etwa eintausendsechshundert Mark ab, und dann staffelte er die Preise nach unten bis zum einfachen Ritter ohne Grundbesitz, der immerhin noch hundertsechzig Mark zahlen mußte. Das ist aber auch der einzige uns bekannte Fall, wo ein Ritter für die Teilnahme am Turnier noch zahlen mußte.

An sich gab es bei einem Turnier nicht viel zu gewinnen, denn die ausgesetzten Preise hatten höchstens einen symbolischen Wert, wie beispielsweise einen Jagdfalken oder ein paar Windhunde. Aber wir dürfen nicht vergessen, daß der glückliche Sieger von allen geehrt und bewundert wurde. Außerdem konnten die Kämpfer ja auch Gefangene machen, die sich ihrem Rang entsprechend auslösen mußten. Da ließ sich mancher gute Fang machen, denn auch Roß und Rüstung fielen dem Sieger zu. Es gab genug Ritter, die durch ein Turnier reich wurden oder an den Bettelstab gerieten. Für vornehme Herren ziemte es sich allerdings, großzügig zu sein und arme Teufel, die sie besiegt hatten, wieder laufen zu lassen. Aber bis es einmal so weit war, daß Gefangene ausgelöst und Sieger erkoren werden konnten, mußte erst mancher harte Strauß ausgefochten werden. Gewöhnlich warteten die kampfbegeisterten Ritter gar nicht erst bis zum eigentlichen Turniertag, sondern maßen zuvor schon in der Tjost ihre Kräfte. Im »Parzival« wird einmal erzählt, die Kämpen seien von den kleinen Geplänkeln schon so ermüdet gewesen, daß das eigentliche Turnier gar nicht mehr stattfinden konnte. Jedoch mag das als Ausnahme angesehen werden.

Der eigentliche Turniertag begann oft mit einer feierlichen Messe, aber nicht immer, denn wir hörten schon, daß die Kirche den Turnieren ablehnend gegenüberstand. Dann teilten die Kampfrichter die Teilnehmer in zwei gleich große und möglichst gleichstarke Parteien. Freunde und Landsleute gesellten sich dabei nach Möglichkeit zusammen, jede Schar wählte einen Anführer,

Bericht über ein Turnier

Am Montag bei Tagesanbruch diente man Gott und hörte die Messe hier und dort singen. Dann entstand in den Gassen überall ein großes Gedränge von den Knechten. Der Lärm der Posaunen, Flöten, Hörner und Trommeln war groß. Die Herolde freuten sich und riefen überall aus: »Zieht aus, edle Ritter, zieht mutig aus, die Boten der Frauen sehen es, zieht freudig auf das Feld, dort liegt der Preis für die Liebenden.« Mit Schall zogen wir aus der Stadt. Jeder Anführer der Rotten bat die Seinen, eifrig acht zu geben.

Als die Ritter auf dem Feld waren, bot das einen herrlichen Anblick, man sah die reichen lichten Banner, die Speere nach dem Wunsch der Ritter verschieden bemalt, die Helme prächtig geschmückt. Die blitzenden Helme, die schimmernden Schilde blendeten manchen so, daß er kaum etwas sehen konnte, die leuchtenden Farben der Rüstungen wetteiferten mit der Sonne.

Da ritten die Rotten aufeinander zu, und als sie kaum Rosselaufes weit auseinander waren, kam die Zeit für den Kampf. Man gab den Rossen die Sporen, zu kräftigem Stoß sprengten die Ritter aufeinander los, Mann und Roß sah man stürzen. Mächtig krachten die Speere, heftig stießen die Schilde aneinander, davon schwollen die Knie. Beulen und Wunden von den Speeren gab es genug, die Panzerringe bereiteten Schmerzen, und manches Glied war verrenkt. Die Ritter drängten hin und her und versuchten, den Gegner zu Fall zu bringen. Mancher Helm brach ab, dort drängten sich die Ritter um einen, der gefangen werden sollte. Klingend schlugen Schwerter auf Helme. Viele Schilde zerbrachen von den heftigen Stößen.

Das Turnier war wirklich gut. Manch hochgemuter Ritter durchbrach mit einem Stoß den Haufen. Man verstach viele große Speere, und wer durch sie zu Boden gefällt wurde, der litt viel Schmerzen durch Tritte. Man verstach wohl tausend Speere, so mancher Ritter wurde Gefangener, etwa 150 gute Ritter verloren ihre Pferde. Des einen Verlust war des anderen Gewinn. So ging der Tag mit Kämpfen hin. Mancher nahm müde den Helm ab, andere turnierten noch so, als ob sie gerade erst begonnen hätten, ihnen dünkten der Tag und das Turnier zu kurz.

Das Turnier dauerte den ganzen Tag, niemand tat etwas anderes, und nun wurde es Abend. Wir banden die Helme ab und zogen alle in die Stadt, jeder in seine Herberge. Da waren für die Ritter schöne Bäder gerüstet, mancher wurde vor Müdigkeit ohnmächtig, hier verband man den einen, dort salbte man den andern, dem dort die Arme, dem hier die Knie. Mancher fiel um vor Schlaf.

und dann riefen die Ordner »nun wappnet euch, ihr Ritter gut, wappnet euch, seid hochgemut«.

Mancher Ritter mochte da sicherheitshalber ein paar Pölsterchen untergelegt haben, so wie er sich auch rüstete, als ginge er zu einer echten Feldschlacht. Es gab nur einen Unterschied: Die Waffen, Speer und Schwert, waren stumpf. Unter den Klängen der Musik zogen die Teilnehmer dann auf das Turnierfeld und ordneten sich in keilförmig aufgestellte Treffen. Nun war endlich der große Augenblick gekommen. Die Reiter legten die Lanzen ein, gaben den Pferden die Sporen, Trompeten erklangen, Trommeln wirbelten, die Knappen schrien »vorwärts, dringt vorwärts, Ritter!« Die Menge der Zuschauer rief begeistert mit, ebenso die Ritter selbst, und die Scharen ritten geschlossen gegeneinander an. Schon krachten die ersten Speere, fielen die ersten Reiter aus dem Sattel, in den Jubel mischten sich die ersten Schmerzensschreie. War es einer Schar gelungen, die Front der anderen zu durchbrechen, trat für eine Weile Ruhe ein. Während sich die Fronten zu neuem Anritt ordneten, räumten Knappen und Knechte die gebrochenen Lanzen fort, führten Gefangene weg und trugen Verwundete hinaus. Dann aber setzte der Kampf von neuem ein. So ging es fort, den ganzen Tag, ohne längere Unterbrechung. Manchmal verließ ein Ritter den Platz, zog sich in den Schatten eines Baumes zurück und setzte den Helm ab. Hatte er ein paar Augenblicke verschnauft, stürzte er sich mit neuer Energie in das Kampfgetümmel. Wer aber wollte in diesem Gewühl noch Einzelheiten erkennen und beschreiben? Bald rannten zwei Ritter wie bei einer Tjost gegeneinander, bald kämpfte die ganze Schar, dann wieder lösten sich kleine Gruppen. Dort ritt einer dem Freund zu Hilfe, der arg bedrängt wurde, andere wiederum versuchten, nicht nur durch den Stoß mit der Lanze, sondern auch durch Anreiten oder Vorbeistreifen den Gegner zu Fall zu bringen. Gleich fünf verschiedene Angriffsarten nennt Wolfram von Eschenbach in seinem »Parzival«.

Oft dauerte das Turnier nicht nur einen, sondern mehrere Tage. Wenn aber das Trompetensignal der Herolde ertönte, das den Schluß des Kampfes anzeigte, hörten Rennen und Waffenlärm sogleich auf. Nun kürten die Kampfrichter,

Nach dem Turnier. Auf dem Bild aus der Manessischen Handschrift empfängt Herzog Heinrich von Breslau aus der Hand einer Dame den Siegespreis. Vor ihm ein Knappe mit dem Helm des Herzogs, hinter ihm ein Waffenmeister, der den Hammer schwingt, mit dem er wahrscheinlich während der Turnierpausen die Waffen und vor allem die Hufeisen der Pferde kontrollierte. Vorn zwei »Krogierer«, die als eine Art Ausrufer mit lautem Geschrei die Kämpfe kommentierten und die Kämpfer anspornten.

meist hohe Herren und alte, erfahrene Ritter, die sich selbst nicht mehr am Kampf beteiligen konnten, den zum Sieger, der sich am tapfersten gezeigt und am meisten hervorgetan hatte. Vom Siegerpreis hörten wir schon; daß aber der siegreiche Ritter zugleich auch die Hand einer Königstochter erringt, gibt es wohl nur im Märchen.

Das alles sieht so fröhlich aus, daß man sich zunächst wundert, warum sich gerade die Kirche so oft gegen die Turniere wandte. Doch ganz so harmlos ging ein Turnier gewöhnlich nicht vorüber, denn oft genug hören wir von schweren Verwundungen und von Toten. Aus dem Jahr 1175 berichtet eine Chronik: »Graf Konrad, der Sohn des Markgrafen von der Lausitz, wurde bei einer Waffenübung, die man gewöhnlich Turniere nennt, am 17. November durch einen Lanzenstoß getötet. So sehr aber hat sich dieses verderbliche Spiel bei uns eingebürgert, daß binnen Jahresfrist sechzehn Ritter dabei den Tod gefunden haben sollen.«

Immer wieder berichten Chronisten von schweren tödlichen Unfällen vornehmer Herren, die weniger bedeutenden werden gar nicht erwähnt. Im Jahr 1241 erstickten bei einem Turnier in Neuß sechzig Ritter durch Hitze und Staub, nach cinem anderen Bericht sollen es sogar hundert gewesen sein. Eine andere Chronik erzählt, daß die Ritter plötzlich, vom Wahnsinn erfaßt, einander gegenseitig totschlugen; achtzig Herren fanden so ein schmähliches Ende. Zur Abschreckung verweigerte schließlich die Kirche den im Turnier gefallenen Rittern sogar das christliche Begräbnis.

Wie alle ritterlichen Bräuche, so wurden auch die Kampfspiele bis ins 16. Jahrhundert hinein gepflegt. Mehr und mehr kam im Spätmittelalter das eigentliche Turnier aus der Mode. Dafür traten stärker der ungefährliche Buhurt und der Einzelkampf in den Vordergrund. Nicht nur Ritter, auch Bürger begannen zu turnieren. Noch einmal versuchte Kaiser Maximilian, die Turniere zu neuem Leben zu erwecken. Doch die Herren waren vorsichtig und die Kämpfe daher mehr zu einer ungefährlichen Geschicklichkeitsprobe geworden, an der sich selbst sportlich Ungeübtere ohne allzu großes Risiko beteiligen konnten.

Mancher Ritter aber gab sich mit den Gelegenheiten, die ein Turnier bot, nicht zufrieden. Er zog aus und suchte Abenteuer. Am bekanntesten ist dabei wohl der schon erwähnte Ritter Ulrich von Lichtenstein geworden, ein Mann, der in ritterlichen Künsten ebenso gewandt war, wie in jener auf Äußerlichkeiten bedachten Renommiersucht, die man bei modernen Filmstars als Publicity-Rummel bezeichnen würde. Wir hörten schon, daß er als Frau

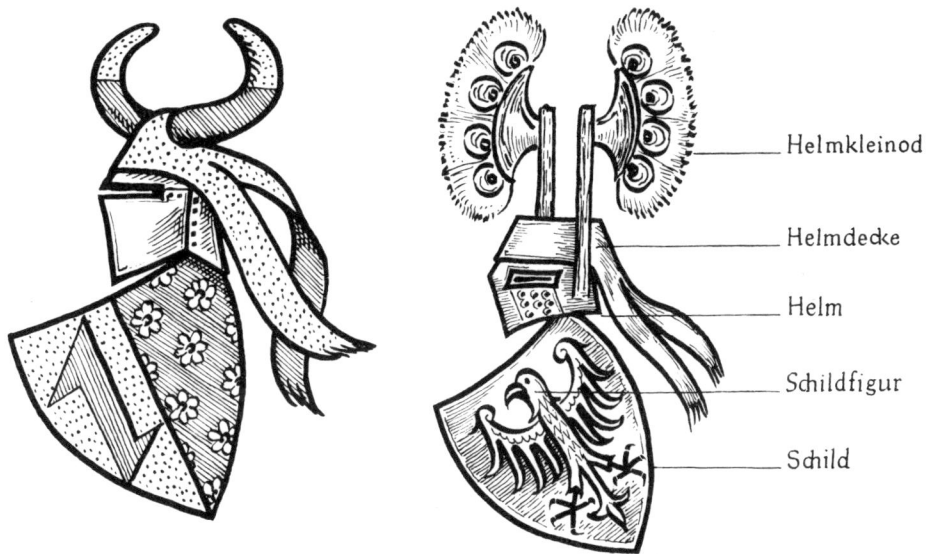

Helmkleinod

Helmdecke

Helm

Schildfigur

Schild

Wappenkunst.
Wappenbeschreibung: Der Schild ist gespalten, im linken Feld ein Doppelhaken, das rechte mit Blüten besät. Auf dem Topfhelm geteilte Stierhörner.

Venus verkleidet von Venedig nach Böhmen zog. Dabei forderte er alle Ritter heraus, sich mit ihm zu messen und versprach jedem, der sich ihm stellte, einen goldenen Ring für seine Geliebte. Sein Besieger sollte alle Rosse bekommen, die er mit sich führte, die Unterlegenen sollten sich jeweils nur zu Ehren seiner Dame nach allen vier Himmelsrichtungen verneigen. In seinem »Frauendienst« erzählt er, daß er bei dieser Fahrt innerhalb eines Monats 307 Speere verstochen und 271 Ringe verteilt habe. Eine Tatsache, die für seine Narrheit, seinen Reichtum und seine ritterlichen Künste zugleich spricht. Natürlich sind solche abenteuersuchenden Ritter die Lieblinge der Dichter, die nicht müde werden, immer neue Figuren und neue Heldentaten zu erfinden.

Die in der Tjost und im Turnier erworbene Geschicklichkeit konnte aber nicht nur für den Ernstfall des Krieges von Nutzen sein, sondern auch für jenen merkwürdigen Rechtsbrauch des Mittelalters, den wir zumeist nur aus der Sage vom Schwanenritter Lohengrin kennen, der aber in Wirklichkeit auf strengen Regeln beruhte. Der gerichtliche Zweikampf war in der Ritterzeit schon alte Sitte. Jeder Ritter hatte das Recht, Verleumdungen und schwere Beschuldigungen durch Anrufen eines Gottesgerichts zurückzuweisen. In feierlicher Form setzten dann die Gegner vor einem Richter die Bedingungen des Kampfes fest. Kranke oder kampfunfähige Ritter konnten einen Vertreter stellen, ebenso die Frauen, denen es ebenfalls erlaubt war, ein solches Gottesgericht anzurufen. Als Kampftag wählte man meist den Dienstag, dann hörten die Gegner früh die Messe, denn der eigentliche Kampf begann immer schon früh um sechs Uhr. Die äußeren Umstände trugen kaum dazu bei, diesem Zweikampf eine möglichst sachliche Atmosphäre zu geben; denn bei schweren Verbrechen war schon der Scheiterhaufen gerichtet, und angeklagte Frauen mußten daneben warten, gewärtig, sogleich hingerichtet zu werden, wenn ihr Kämpfer unterlag. Wurde aber der Kläger besiegt und im Kampf nicht getötet, so galt die Unschuld des anderen als erwiesen und ihn selbst traf die gleiche Strafe, die für das Verbrechen angesetzt war, dessen er seinen Gegner bezichtigt hatte.

Vor dem Kampf beschworen noch einmal beide Kämpfer auf ein Kreuz oder eine Reliquie die Richtigkeit ihrer Aussage. Der Richter gebot Frieden, Ritter riskierten bei einer Einmischung Hand oder Fuß, Knechte sogar den Kopf. Dann aber begann der furchtbare Kampf auf Leben und Tod. Zuerst rannten die Gegner zu Pferd mit den Lanzen aufeinander los. Wurde der eine schließlich aus dem Sattel gestoßen und fand — wider Erwarten — Zeit, sich von dem Stoß zu erholen, setzten die Gegner den Kampf mit den Schwertern fort, bis endlich einer zu Boden gestreckt wurde.

Es konnte aber auch vorkommen, daß einer der Kämpfer vergeblich auf den Gegner wartete, weil dieser es vorzog, nicht einen aussichtslosen Zweikampf zu beginnen. Dann mußte der Wartende bis drei Uhr am Nachmittag auf dem vorbestimmten Kampfplatz verharren, um dann vom Richter sein Recht zugesprochen zu bekommen, sei es, daß man seine Unschuld anerkannte, sei es, daß der Angeklagte in Abwesenheit des vorliegenden Verbrechens für schuldig befunden wurde.

Widder und Katzen

Die Belagerung einer Burg

Bei den zahllosen kleinen und großen Auseinandersetzungen zwischen den Fürsten, zwischen Adel und Städten oder der kleineren Herren untereinander sind die Chroniken des Mittelalters voll von Berichten über Feldzüge, Schlachten und Belagerungen. Wenn auch die offene Feldschlacht dem ritterlichen Sinn mehr entsprach, so spielte doch bei der Vielzahl der befestigten Burgen und Städte die Belagerung eine wichtige und oft entscheidende Rolle.

Zu echter ritterlicher Kriegführung gehörte aber die Kampfansage vor der Schlacht oder zu Beginn einer Fehde, wobei es ursprünglich eine mündliche Absage durch einen Boten gab, der ein entblößtes, manchmal sogar blutiges Schwert trug. Später erfolgte die Absage schriftlich. Solche Absagen konnten so zahlreich sein, daß Städte, die häufiger mit Gegnern zu rechnen hatten, gezwungen waren, sich eigene Verzeichnisse von Fehdebriefen anzulegen. So nennt das Nürnberger Absageverzeichnis von 1449 siebenundzwanzig Fürsten, vierzig Grafen, fünfundvierzig freie Herren sowie acht Städte mit Namen und berechnet die Zahl der absagenden Ritter mit ihren Knechten auf ungefähr siebentausend!

Normalerweise gingen die Fehdebriefe von Burg zu Burg, waren teils höflich, teils aber auch grob, enthielten oft nur eine allgemeine Ankündigung des Fehdezustands, immer jedoch einen Hinweis auf die eigene Ehre, um dem Vorwurf unrechtmäßiger Fehde zuvorzukommen.

Die Belagerung einer Burg begann häufig damit, daß die Angreifer versuchten, sie zu überrumpeln. Ein lässiger oder gar bestochener Wächter konnte eine Belagerung entscheiden, noch ehe sie richtig begonnen hatte. Die Lebensbeschreibung Meinwerks von Paderborn erzählt, daß ein Ritter Sicko eines Tages vor einem Raubschloß bei Trier um einen Trunk bat. Als ihm die Besatzung diese Bitte erfüllte, versprach er ihnen eine Gegengabe. Dann sandte er dreißig Fässer, in denen Ritter staken, auf die Burg, und der Raubritter nahm

Die Balista, links, eine riesige Armbrust, die mit einer Winde gespannt wurde. Rechts der Mauerbrecher. Mehrere Männer ließen den frei schwingenden Balken immer wieder gegen die Mauer prallen, die unter der Wucht der Stöße abzubröckeln begann.

das Geschenk, das ihm und seinen Leuten den Tod bringen sollte, arglos an. In einer Chronik heißt es, daß vor einer Belagerung ein Abgesandter des Feindes bei dem Burghauptmann erschien und ihm mitteilte, er sei schon verraten und verkauft und solle lieber die Burg gleich übergeben. Dabei wies er einen goldenen und einen eisernen Ring vor. Das Gold bedeute herrliche Geschenke, das Eisen die Fesseln des Kerkers, erklärte er. Nun solle der Hauptmann wählen. Nach kurzem Besinnen griff dieser nach dem Gold und übergab die Burg.

Mißlang jedoch eine Überrumpelung durch Verrat oder einen Überraschungsangriff, dann blieb nur die langwierige Belagerung, die an beide Seiten höchste Anforderungen an Mut und zugleich Erfindungsreichtum stellte. Eine Belagerung konnte sich zu einem sehr umfangreichen Unternehmen auswachsen. 1434 nahmen an der Eroberung der Burg Steinhusen durch die Dortmunder 750 Mann teil, und der Lausitzer Städtebund rückte 1444 angeblich sogar mit 9000 Mann vor den Bürgstein in Böhmen.

Die bei einer Belagerung angewandten Mittel der Kampftechnik sind für die ritterliche Zeit keineswegs neu, sondern im Gegenteil viele Jahrhunderte, ja manchmal fast schon Jahrtausende alt. Sie gehen häufig auf die Erfahrungen der Griechen und Römer, wenn nicht gar der Völker des alten Orients zurück. Nicht immer mußte die Belagerung oder Eroberung eines befestigten Platzes mit einem Kampf verbunden sein. Auch das Aushungern bot Möglichkeiten genug, die Besatzung zur Übergabe zu zwingen. Hunger und Durst waren gefährliche Bundesgenossen der Angreifer, die deshalb ihre Belagerung am

Die Verteidigung einer Burg

Damit eine Burg nicht durch Hunger zur Übergabe gezwungen werden kann, ist dreierlei zu beachten. Korn, Hafer, Gerste, die einzelnen Speisevorräte und all das, was zum Lebensunterhalt dient, muß vor Beginn der Belagerung in die Festung geschafft werden.

Wenn man aber eine lang andauernde Belagerung befürchtet, so daß sich die Burg lange Zeit hindurch halten muß, so ist sie ganz besonders mit Hirse zu versorgen; denn Hirse verdirbt nicht so leicht und hält sich besser. Auch Vorräte von Salzfleisch sind nicht zu vergessen; und eine reiche Menge von Salz, das zu vielen Dingen nützlich ist. Zweitens ist, was die Verproviantierung anbelangt, nicht allein darauf zu achten, daß man eine große Menge Lebensmittel in die Festung bringt, sondern daß die gesamten Lebensmittel durch verständige Beamte gerecht verteilt werden. Das gilt besonders auch für belagerte Städte, die keinen Proviant mehr erlangen können, und wo die Lebensmittel in öffentliche Speicher gebracht und von vorsichtigen Männern sparsam und einsichtig verteilt werden müssen. Drittens ist in solcher Lage zu beachten, daß schwache und unnütze Leute an einen anderen Ort geschickt werden.

Man soll sich nach Möglichkeit in eine Burg zurückziehen, in der es Überfluß an Wasser gibt. Wenn keine Quellen da sind, müssen Brunnen gegraben werden. Ist die Stelle so trocken, daß man keine Brunnen anlegen kann, so baut man Zisternen, damit der Überfluß des Himmelswassers den Mangel des anderen Wassers ersetze. Man muß auch eine Menge Essig und Wein in die Festung bringen, damit durch das bloße Wassertrinken die Krieger nicht schwach werden.

Man muß in die belagerte Stadt oder Burg auch eine große Masse Schwefel, Pech und Öl schaffen, um die Maschinen der Feinde verbrennen zu können. Eisenzeug und Bauholz sind ebenfalls in gebührender Menge zu besorgen. Aus dem Holz werden Schäfte für Pfeile und Wurfspeere gemacht, mit dem Eisen bessert man die Waffen aus und schmiedet Speer- und Pfeilspitzen. Ein großer Eisenvorrat ist schon deshalb nützlich, weil er helfen kann, die Bauten und Maschinen der Belagerer zu zerstören. Auch Rollsteine aus den Flüssen müssen in Mengen in die Burg gebracht werden, da sie fester und besser zum Werfen geeignet sind, und sie werden auf den Mauern und Türmen aufgehäuft. Gepulverter Kalk ist in großen Mengen in die Festung zu schaffen, mit ihm füllt man zahlreiche Gefäße, die man, sobald die Belagerer sich den Mauern nähern, auf sie wirft. Sie zerbrechen, der Staub dringt den Belagerern in die Augen und greift sie so an, daß sie wie Blinde niedergemacht werden können.

liebsten in den Frühsommer verlegten, da zu diesem Zeitpunkt die Ernte noch bevorstand. Was den Belagerten dann fehlte, daran durften sich vor ihren Augen die Angreifer gütlich tun. So ist es auch zu verstehen, daß Gefangene häufig wieder in die belagerte Burg oder Stadt zurückgeschickt wurden, damit die Zahl der Hungrigen nicht abnahm.

Mußte das Wasser von außen in die Burg geführt werden, ergab sich für die Verteidiger eine sehr gefährliche Lage, da die Angreifer die Zufuhr abschneiden oder das Wasser durch ein paar hineingeworfene Tierkadaver unbrauchbar machen konnten. Eine geradezu sadistische Maßnahme, die Tantalusqualen heraufbeschwor, wenn man das Wasser rinnen sah und doch nicht trinken durfte! Die Sage erzählt, daß einst Karl der Große bei einer Belagerung vergeblich nach dem unterirdischen Kanal suchte, der Wasser in eine Burg führte, bis ihm ein Ritter den Rat gab, ein Pferd drei Tage mit Heu, Hafer und Gerste zu füttern, es aber nicht tränken zu lassen. Am dritten Tag spürte das halbverdurstete Pferd tatsächlich die Quelle auf, von der aus das Wasser durch kupferne Röhren in die Burg geleitet wurde und die Karl dann durch den Schmutz des Lagers verunreinigen ließ.

Ein anderes Mittel, den offenen Angriff zu vermeiden und dennoch Burg oder Stadt zu erobern, stellte der Bau von Minen, also von unterirdischen Kampfgängen dar. Dabei untergruben die Angreifer vorsichtig die Mauern und stützten die Gänge mit Holz ab. Natürlich mußten sie nicht nur sehr vorsichtig verfahren, sondern zugleich auch jedes stärkere Geräusch vermeiden, damit die Belagerten nicht gewarnt wurden. Außerdem durften sie häufig nur bei Nacht arbeiten, um die Erdmassen unbemerkt fortschaffen zu können. War der Gang endlich fertig, boten sich zwei Möglichkeiten: Entweder drangen die Angreifer auf dem unterirdischen Weg vor und überrumpelten so die Verteidiger, oder aber, was weit häufiger geschah, sie legten Feuer oder später Pulver an die hölzernen Stützen und brachten so den Stollen und damit zugleich die Mauer darüber zum Einsturz. Durch die entstandene Bresche erfolgte dann der Sturm.

Da das Unterminieren sehr häufig angewandt wurde, wenn es der Boden gestattete, mußten die Verteidiger auf der Hut sein. Sie konnten versuchen, den Verlauf des Ganges zu bestimmen und die Angreifer dann gebührend empfangen, sie konnten aber auch Gegenminen legen. So stießen die Kreuzritter, die 1191 einen Turm der Festung Akka unterminierten, auf eine Gegenmine der Türken. Die beiden kämpfenden Parteien einigten sich darauf, daß sich alle Krieger zurückzogen, aber die Türken verstopften sogleich ihren Stollen,

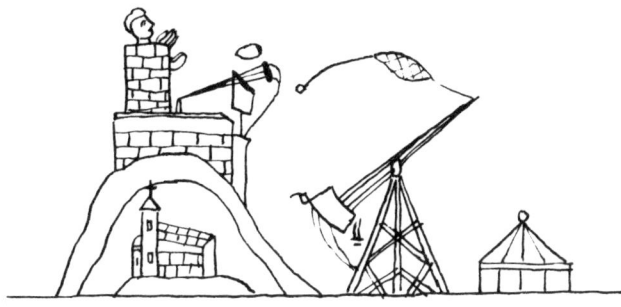

Der Triboc, eine Schleuder-
maschine, die um 1200 in
Gebrauch kam. Miniatur
aus den Genueser Annalen.

damit sich die Christen nicht etwa auf diese Weise den Eingang in die Stadt
doch noch erzwingen konnten.

Schlug aber auch dieses Mittel fehl, so verblieben zunächst einmal die Belagerungsmaschinen. Sie ließen sich natürlich nur dort einsetzen, wo man sie an
Ort und Stelle anfertigen oder wenigstens aus nicht allzu großer Entferung
leicht hintransportieren konnte; denn wenn sich auf den mittelalterlichen
Abbildungen diese Maschinen auch ganz zierlich ausnehmen und nur von
einem Mann bedient werden, so waren es doch in Wirklichkeit recht beachtliche Monstren von etwa zehn Meter und mehr Länge, deren Türme die Höhe
der jeweiligen Mauer erreichen mußten. Für solche Maschinen brauchten die
Belagerer den nötigen Platz und das entsprechende Bedienungspersonal.
Manchmal mußten dabei bis zu hundert Leute eingesetzt werden.

Zu den großen Belagerungsmaschinen gehört vor allem die Gruppe der Wurfmaschinen oder Onager. Die größte und bekannteste war der seit etwa 1200
verwendete Triboc, ein Wurfgeschütz mit einem festen Gegengewicht am
Ende des kurzen Hebelarms. Die Biffa oder Blide unterschied sich von dieser
Geschützart nur durch das bewegliche Gegengewicht am Hebel. Daneben
zählen Fachleute und Chronisten noch einige andere auf, die sich aber im
Grundprinzip durchaus ähnelten. Entsprechend der Größe dieser Wurfmaschinen konnten auch die benutzten Geschosse selbst erstaunliche Gewichte auf-
weisen. Die eisenbeschlagenen Bolzen der großen Wurfgeschütze zeigten
Längen bis zu zwei Meter, bei den Steinen reichte die Auswahl von faustgroßen
Brocken bis zu einem Gewicht von zwölf Zentner. Bei der Belagerung von
Zara im Jahr 1346 sollen sogar Steine von über vierzehn Zentnern geschleudert
worden sein.

Bei einer Hebellänge von etwa acht Meter und einem Gegengewicht von

115

dreißig Zentner ließ sich ein Geschoß von hundert Kilogramm mit einer großen Wurfmaschine 75 Meter weit schleudern, die größte Wurfweite mag sogar etwa 500 Meter betragen haben. Mit den Maschinen konnte man erstaunlich genau zielen. So beklagte sich ein Ritter darüber, daß sein feindlicher Nachbar ihm mit einem kleinen Schleudergeschütz durch die offene Tür des Saales auf die Tafel geschossen habe, als er mit einigen Gästen gerade in aller Ruhe speisen wollte. Die Angreifer schleppten Steine als Wurfgeschosse gewöhnlich in großen Massen herbei. Ottokar von Steier erzählt, daß bei der Belagerung des Schlosses Falkenburg 372 Wagen voller Steine aus Egenburg herbeigeschafft und insgesamt an die 7800 Steine in die Burg geschleudert wurden. Nur waren natürlich, was die Wurfgeschosse betraf, dem Erfindungsreichtum der Kämpfenden auf beiden Seiten keine Grenzen gesetzt. Neben den schweren Steinen warfen die Belagerer auch allerlei andere Dinge über die Festungsmauern, etwa Aas, Kot oder faules Käsewasser, um Brunnen zu vergiften und Seuchen unter den Belagerten zu verbreiten. Natürlich wurden auch Brandsätze geworfen, und ein findiger Kopf kam auf den Gedanken, volle Bienenkörbe auf diese Weise über die Mauern zu schleudern. Die Wirkung der wild gewordenen Bienen in den Helmen oder Rüstungen der Belagerten können wir uns leicht ausmalen! Sogar eine Art modernen Bombenangriff gab es schon. Aus dem Orient hatte man die Kunst des Drachensteigens kennengelernt, die man nun auch für Belagerungen einsetzte. Mit Hilfe großer Papierdrachen wurden Brandbomben über Städte und Burgen getragen und dort abgeworfen.

Mit den Wurfmaschinen konnten die Angreifer dem Gegner zwar erheblichen Schaden zufügen, konnten ihn zermürben, aber eine Entscheidung ließ sich kaum erzwingen. Deshalb bereiteten die Belagerer schließlich den entscheidenden Sturm vor. Dazu mußten sie erst einmal unmittelbar an die Burg herankommen, also alle Vorbefestigungen, Palisaden und Verhaue überwunden haben. Dann aber standen sie vor dem großen Hindernis des Grabens. Trockene Gräben ließen sich mit Ästen und Reisigbündeln füllen, die man dann anzündete. Häufig griff das Feuer auf die hölzernen Teile der Burg über und konnte große und gefährliche Brände verursachen. Gleichgültig aber, ob der Graben trocken oder mit Wasser gefüllt war, er mußte auf jeden Fall zugeschüttet werden, wenn die Angreifer ihre Maschinen heranschleifen und selbst an die Mauer herankommen wollten. Vom raschen Festungssturm durch den wassergefüllten Graben erfahren wir nur in Filmen, nicht zuletzt wegen der guten Wirkung, die herunterplumpsende Angreifer auf ein sensationshung-

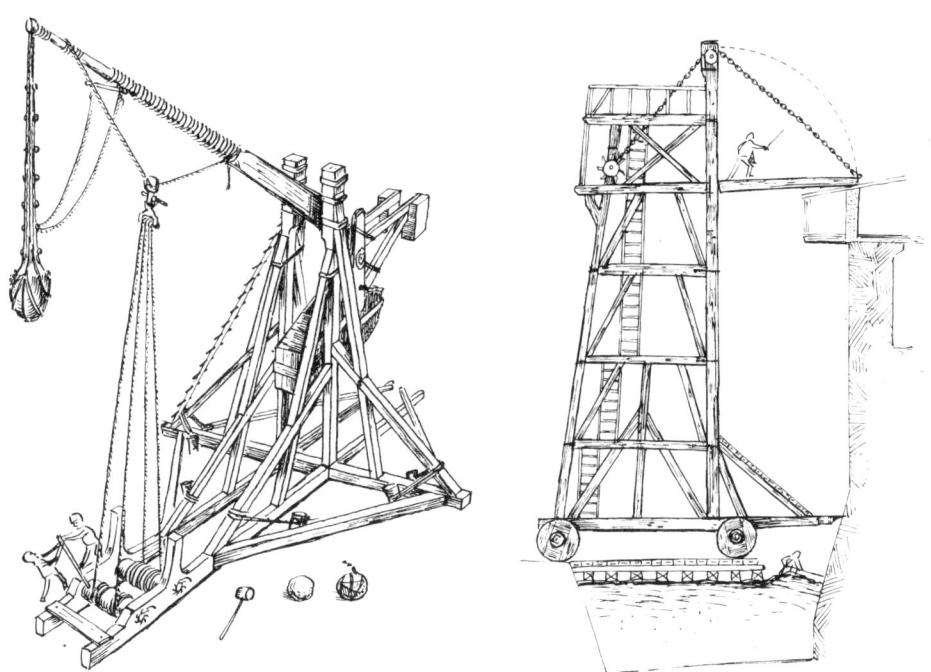

Links: *Biffa oder Blide, eine riesige Schleuder, mit deren Hilfe sich Geschosse aller Art werfen ließen.*
Rechts: *Schema eines Belagerungsturmes.*

riges Publikum erzielen. In Wirklichkeit ging es langsamer und wesentlich mühevoller zu. Da mußten Erde, Steine, ganze Felsblöcke, umgehauene Bäume, zerstörte Wagen, ja selbst totes Vieh herbeigeschleppt werden, um die tiefen Gräben an einer oder mehreren günstigen Stellen zuzuschütten. Die Verteidiger schauten bei solchen Unternehmen aber keineswegs tatenlos zu. Sie versuchten ihrerseits, nach Kräften die Arbeit zu stören, schossen, warfen Steine, gossen siedendes Pech auf die Angreifer, die hinter Schutzdächern, den »Katzen«, ihre Arbeiten durchführten.

Erst wenn der Graben ausgefüllt war, konnten mühsam die schweren Mauerbrecher, Sturmböcke oder Widder, wie sie auch genannt wurden, herangeschleift werden. Das waren riesige, bis zu dreißig Meter lange Baumstämme, mit schweren Eisenspitzen versehen, die an Ketten in einem Gestell hingen und dann von manchmal ungefähr fünfzig Männern rhythmisch gegen einen bestimmten Punkt an Mauern geschwungen wurden. Nasse Tierhäute schützten ihr Dach, damit es durch Brandpfeile nicht Feuer fing. Umgekehrt ließen die

Besatzungen der Burg Matratzen, Strohbündel und ähnliche Dinge an der Mauer herab, um die Stöße zu dämpfen, und versuchten, mit Schlingen oder Widerhaken den Stoß der Balken festzuhalten, um dann den bewegungslos gewordenen Widder zu zerstören. Nicht selten kam es vor, daß sie auch nachts Ausfälle unternahmen und die Belagerungsmaschinen zerstörten.

Waren alle anderen Mittel fehlgeschlagen und der Graben an geeigneten Stellen ausgefüllt, begann der entscheidende Sturm. Dann setzten die Angreifer jene Belagerungsmaschinen ein, auf die sie alle Erwartungen richteten, die zugleich aber auch die größte, schwierigste und gefährlichste war — den Turm, »Ebenhöhe« oder auch »Bergfrit« genannt. Auf diesen Turm verwandten die Handwerker all ihre Kunst. Er mußte höher sein als die Mauer, die berannt werden sollte, ein mächtiges hölzernes Gerüst von meist über zwanzig Meter Höhe. Friedrich I. ließ 1159 vor Cremona einen solchen Turm errichten, der sogar über dreißig Meter hoch war und schon mit einem stattlichen Kirchturm verglichen werden kann. Um ihm größere Standfestigkeit zu geben, teilten ihn die Konstrukteure gewöhnlich in mehrere Stockwerke ein, in denen Bogenschützen lauerten, die von der Höhe aus leichter die Mauern bestreichen konnten. Auf der obersten Plattform stand manchmal eine Wurfmaschine. So ein Ungetüm ließ sich natürlich nur mühsam vorwärtsbewegen. Die Angaben eines Chronisten, daß zuweilen bis zu 500 Mann angestrengt arbeiten mußten, die den Turm mühsam an Seilen vorwärtszogen oder schoben, dürften kaum übertrieben sein.

Nach Möglichkeit hatten die Belagerer den Graben so zugeschüttet, daß sich der Boden leicht gegen die Mauer zu neigte und der Turm, der auf kleinen Rädern bewegt wurde, das letzte Stück von allein vorwärtsrollte.

Dann aber war der entscheidende Augenblick gekommen, auf den beide Seiten, Angreifer wie Belagerte, mit höchster Spannung warteten, der Moment, an dem vom Turm aus eine Fallbrücke auf die Mauer hinunterklappte, über die dann die Angreifer vorwärtsstürmten. Oben auf der Plattform des Turmes warteten die besten Männer, unter ihnen oft der Feldherr selbst. Aber auch die Gegner auf den Mauern setzten die besten Leute ein, denn wenn es ihnen nicht gelang, den Angriff des Turmes oder vielleicht gar mehrerer Türme abzuschlagen, während zur gleichen Zeit die Widder an den Toren oder Mauern pochten und die Wurfmaschinen ihre Ladungen spien, die Bogenschützen einen Pfeilhagel losließen, war es um sie geschehen. Dann stürmten die Angreifer über die schmale Brücke, immer neue Kämpfer kletterten in raschem Tempo nach und ergossen sich geradezu über die Mauern. Manchmal allerdings gelang es den

Belagerungsmaschinen im Einsatz. Rekonstruktionszeichnung aus dem 19. Jahrhundert.

Verteidigern, den Turm in Brand zu schießen oder gar umzustürzen. Dann trat für ein paar Tage eine Atempause ein, bevor das furchtbare Spiel von neuem begann.

Wehe, wenn es den Angreifern gelang, Festung oder Stadt zu erobern! In der Wut des Kampfes kannten sie dann für die Verteidiger, aber auch für Frauen, Kinder und Greise keine Schonung. Immer wieder berichten die Chronisten von furchtbaren Grausamkeiten. Wehte einmal das Banner des Siegers auf dem höchsten Turm, dann begann Mord und Plünderung, unter denen besonders die Städte zu leiden hatten. »Wo sind die Knechte mit den Säcken?« rief schon der grimmige Wate im Gudrunlied nach der Erstürmung der Burg. Türen, Kisten und Kasten wurden erbrochen und fortgetragen, was sich nur irgendwie verwerten und fortschleppen ließ. Selbst Kirchen waren nicht sicher vor den Plünderern und Mördern, die ohne Gewissensbisse Menschen töteten, die hier Zuflucht gesucht oder eine solche erhofft hatten. Natürlich versuchten die Feldherren oft, dem Rauben und Morden Einhalt zu gebieten, versuchten, bei der Eroberung größerer Städte die Beute einigermaßen gerecht zu verteilen. Wir dürfen aber nicht übersehen, daß in einem Heer nicht nur von Ritteridealen beseelte Kämpfer dienten. Unter Rittern und Knechten fanden sich viele unsaubere Elemente, denen es nur darum ging, möglichst viel Gewinn von einem Feldzug mit nach Hause zu bringen, wenn sie schon ihre Haut riskieren mußten.

War alles ausgeraubt und fortgeschleppt, wurde die Burg schließlich angezündet und zerstört. Manche Ruinen zeugen heute noch von solcher Zerstörung. Schwieriger war es schon bei der Zerstörung von ganzen Städten. So überließ Kaiser Friedrich Barbarossa Mailand den mit ihm verbündeten Städten Pavia, Cremona, Lodi und anderen. Mit Begeisterung übernahmen diese die Aufgabe, die verhaßte Nebenbuhlerin, die übrigens zuvor mit Lodi nicht anders verfahren war, zu zerstören. Und doch schafften sie es nicht beim ersten Mal, sondern mußten im Laufe des Jahres noch dreimal zurückkehren, um ihr Werk fortzusetzen und zu vollenden.

Wenn wir von Greuel, Mord und Zerstörung hören, werden wir auch verstehen, daß es die Belagerten oft vorzogen, in dem Augenblick, da die Lage aussichtslos zu werden schien, lieber Verhandlungen einzuleiten als den letzten Sturm abzuwarten. Manchmal war es auch gar nicht so sehr die Angst vor diesem Angriff, sondern die Belagerten, die in ihren Burgen ja auf engstem Raum zusammengedrängt waren und die sich oft wochenlang der stets gleichen Anspannung ausgesetzt sahen, verloren einfach die Nerven.

Wir können uns leicht vorstellen, wie das gewesen sein mag. Jeden Tag das gleiche: auf Wache stehen und lauern, beobachten, warten und immer wieder warten auf den nächsten Zug des Feindes und selbst dabei nichts aktiv unternehmen können. Wilhelm von Tyrus erwähnte in seiner Geschichte der christlichen Reiche in Palästina ein besonders bezeichnendes Beispiel eines solchen Nervenkrieges. Als die Kreuzritter einmal während des dritten Kreuzzuges eine Höhlenburg belagern mußten, die an einem Felsen klebte, versuchten sie, diesen langsam von oben herunter auszuhöhlen. Nach drei Wochen ergaben sich die belagerten Sarazenen, weil sie das Tag und Nacht stets gleichbleibende eintönige Schürfgeräusch einfach nicht mehr aushalten konnten. In den belagerten Städten, wo Frauen und Kinder die Not der Verteidiger teilen mußten, flehten oft die Geistlichen um Gnade und milde Übergabebedingungen. Mußte sich aber eine Stadt auf Gnade oder Ungnade ergeben, dann senkte sich die Zugbrücke, und im schauerlichen Zug nahten sich die Unterlegenen dem Sieger. Sie trugen Büßerhemden, die Freien ein Schwert am Hals, die Unfreien einen Strick als Zeichen, daß sie den Tod verdient hatten. Manchmal ließ dann der siegreiche Feldherr Gnade walten wie etwa Konrad III., der den Frauen von Weinsberg die Erlaubnis erteilt haben soll, aus der Stadt mitzuschleppen, was sie auf ihren Schultern forttragen konnten, und die dann vor dem verdutzten König ihre Männer hinausschleppten.

Ochsen vor dem Fahnenwagen

Von Kampf und Krieg

Erschöpften sich die Fehden und Kämpfe kleinerer Herren vielfach in einer Belagerung, so fiel die Entscheidung eines Krieges aber doch meist in der großen Feldschlacht. Auch solche Schlachten konnten feierlich angekündigt werden. So sandte 1410 der Ordensmarschall des Deutschen Ritterordens zwei Herolde mit nackten Schwertern und der Kampfansage bei Tannenberg an den Polenkönig. 1346 schlug Philipp von Frankreich einige Tage vor der Schlacht von Crécy den Engländern zwei verschiedene Orte und vier verschiedene Tage zum Kampf vor. Ein gleiches hatte 1332 Herzog Johann von Brabant getan, wartete dann aber einen ganzen Tag lang bei strömendem Regen umsonst auf den Gegner.

Jeder Feldzug brachte in den Ländern große Aufregung mit sich. Boten riefen die Heerfahrt aus, Ritter erhielten den Befehl, sich zu einer bestimmten Zeit auf einem Sammelplatz einzufinden, und dieser Verpflichtung mußten sie nachkommen, wollten sie nicht strenger Strafe gewärtig sein. Das galt für den unbedeutenden kleinen Ritter, der nur mit wenigen Knechten ins Feld zog, genauso wie für den angesehenen Fürsten und Führer einer Truppe, die allein schon kampfentscheidend sein konnte. Als Herzog Heinrich der Löwe seinem Kaiser Friedrich Rotbart für einen Italienzug die Heeresfolge verweigert hatte, wurde er vom Kaiser geächtet und verlor seine Herzogtümer.

Die Einberufungsfristen waren dabei recht unterschiedlich. Für die Italienzüge galt noch im 12. Jahrhundert eine offizielle Ansagezeit von einem Jahr und sechs Wochen. Wenn es aber darauf ankam, gab es auch ganz kurzfristige Aufgebote von nur drei Tagen. Immer mußten gleichzeitig auch die Sammelplätze genannt werden, die keineswegs in der Mitte des Reiches lagen, sondern je nach dem Ziel des Feldzuges von Fall zu Fall festgesetzt wurden. Nur für die Italienzüge galten meist Augsburg oder Regensburg als Versammlungsorte, aber es kam auch vor, daß die Ritter gleich nach Oberitalien geladen wurden.

Kriegsartikel Kaiser Friedrichs I.

Wir bestimmen und wollen streng beachtet wissen, daß weder Ritter noch gemeiner Soldat es wagen, einen Streit anzufangen. Wenn einer mit dem andern Händel bekommen hat, soll keiner von beiden den Lagerruf schreien, damit dadurch die Leute nicht zum Kampf erregt werden. Wenn Streit entstanden ist, soll niemand mit Waffen hinzu eilen, sondern den Streit schlichten, nur im Harnisch, mit dem Schild, dem Helm und einem Prügel bewaffnet. Hat ein Ritter aber durch Schreien des Lagerrufes Händel veranlaßt, so soll er seine Rüstung verlieren und aus dem Heer gestoßen werden.

Wer jemanden verwundet hat und dies leugnet, soll ihm, wenn der Verwundete ihn durch zwei wahrhafte, ihm nicht verwandte Zeugen überführen kann, die Hand abgehauen werden. Wenn die Zeugen fehlen, und der Angreifer sich durch einen Eid reinigen will, so kann der Kläger den Eid zurückweisen und mit ihm im Zweikampf die Sache ausfechten.

Wenn jemand einen Mord begangen hat und von einem Verwandten, Freund oder Gefährten durch zwei wahrhaftige, dem Ermordeten nicht verwandte Zeugen überführt wird, so verfällt er der Todesstrafe. Fehlen jedoch die Zeugen und der Mörder will sich durch Eid reinigen, so kann der Freund, der Verwandte des Ermordeten mit ihm im Zweikampf die Sache ausfechten.

Natürlich nahmen nicht nur Ritter an den Kriegszügen teil; Fußtruppen stellten ebenfalls ein gewichtiges Kontingent des Heeres, das oft den Rittern an Stärke weit überlegen war. Und mochten Ritter wie Fußvolk zum Kriegsdienst verpflichtet sein, so gab man ihnen noch häufig hohen Lohn, um sie für den Kampf zu begeistern. Vielfach verdingten sich auch Ritter um des Goldes oder der Aussicht auf Beute willen für einen Krieg. Kein Wunder also, daß Feldzüge recht kostspielige Angelegenheiten und die Kassen der deutschen Könige nach den Italienzügen ziemlich leer waren. Die hohen Kosten schon eines kleinen Kriegszuges beweist das Beispiel des Grafen von Hennegau, der 1181 den Grafen von Flandern im Kampf gegen den König von Frankreich beistand und den die fünf Wochen des Feldzuges mit hundert Rittern und Knechten nach heutigem Geldwert ungefähr achtzigtausend Mark kosteten. Dabei erreichten die Heere im hohen Mittelalter beachtliche Stärken, verfügte doch zum Beispiel Kaiser Otto IV. in der Schlacht von Bouvines 1214 angeblich über ein Heer von 1500 Rittern und 150 000 Fußsoldaten. Als Durchschnitt für das große Heeresaufgebot des deutschen Königs wird etwa die Zahl von 30 000 Rittern angenommen.

Zum Vormarsch gliederte sich das Heer gewöhnlich in drei Abteilungen. An der Spitze marschierte die Vorhut, bei der sich auch eine Art Pionierabteilung befand, die notfalls Straßen ausbessern oder Brücken schlagen konnte. Etwa zwei Kilometer nach dieser Vorhut folgte die Hauptmacht des Heeres, Ritter und Knappen, Fußsoldaten und der ganze Wagentroß. Geschütz- und Belagerungsmaschinen hatte man auseinandergenommen und auf Karren verladen, andere Wagen enthielten den Proviant, Brot, Wein, Fleisch, Getreide und den Hafer für die Pferde. Vornehme Herren nahmen ihre eigenen Köche und das Gesinde mit. Diesem Troß schlossen sich dann Händler, Gaukler, Weiber an, ein bunt zusammengewürfelter Haufen, den Schluß bildete schließlich die Nachhut. An ein schnelles Vorankommen war also nicht zu denken. Aus den vielen zuverlässigen Angaben, die wir besitzen, ergibt sich eine durchschnittliche Marschgeschwindigkeit von etwa zwanzig bis dreißig Kilometer am Tag. In Südosteuropa und Kleinasien sank sie bei den Kreuzfahrerheeren im Durchschnitt auf siebzehn, ja selbst auf zwölf Kilometer am Tag zurück, was bei den schlechten Straßenverhältnissen, der Belastung und der Hitze trotzdem noch als beachtliche Leistung angesehen werden muß. Manchmal hört man auch von ausgesprochenen Gewaltmärschen; so legte Konradin mit seinem Heer im Januar 1268 in zwei Tagen 107, Kaiser Friedrich II. vom Abend des 30. Oktober bis zum Morgen des 1. November 1236 — also in eineinhalb Tagen — sogar 112 Kilometer zurück!

Am Abend, während längerer Ruhepausen oder bei Belagerungen schlugen die Truppen ein Lager auf, das je nach Größe des Heeres einen beachtlichen Umfang aufweisen konnte. Das Zelt des Heerführers oder Fürsten bildete den Mittelpunkt, darum herum gruppierten sich dann die Vornehmen und Ritter streng in der Reihenfolge ihres Ranges und schließlich die Zelte der Fußsoldaten und Knechte. Wall und Graben, bei Belagerungen sogar Palisaden, schützten die Lagergemeinschaft. Von den Zelten der Fürsten hören wir von

Der Reiter im Bamberger Dom. Mit ihm schuf ein unbekannter Meister um 1320 das edelste Symbol staufischen Adels und Rittertums.

Kopf eines Gerüsteten.
Um 1270 in Bamberg ent-
standen. Der Mann trägt
über dem Hersenier einen
einfachen Spangenhelm.

Ritter im Zweikampf.
Illustration aus einer
Handschrift des Tristan-
Epos um 1240.

Chronisten und Dichtern oft Wunderdinge. Ein Zelt Kaiser Friedrich Barbarossas konnte kaum von drei Wagen transportiert werden, der Wert eines anderen, das Kaiser Friedrich II. 1232 vom Sultan zum Geschenk erhielt, wird nach heutigem Geld auf etwa 500 000 Mark geschätzt. Entsprechend prächtig muß die Ausstattung solcher Zelte gewesen sein. Hartmann von Aue beschreibt im »Erec« ein Zelt, das aus schwarzweißem Samt gefertigt und mit Goldstickereien verziert war. Andere wiederum zeigten verschiedenartige Stoffe und Zeltstangen aus Elfenbein. Bei Regen hängte man lederne Decken über die kostbaren Stücke. Je niederer die Stellung des Besitzers, desto einfacher war auch sein Zelt. Fußknechte errichteten sich oft ihre Behausung nur aus Stroh oder Laubwerk. Vor dem Weitermarsch zündeten sie solche Hütten dann einfach an.

Wir können uns durchaus vorstellen, daß es in einem Lager, wie überhaupt auf einem Feldzug, nicht immer sehr gesittet zuging. Die Führer der Truppen hatten alle Hände voll zu tun, um in dem recht bunt zusammengewürfelten Haufen Friede und Disziplin aufrechtzuerhalten. Deshalb erließen sie auch immer wieder strenge Kriegsartikel, die schon kleine Übergriffe mit scharfen Strafen bedrohten. Die Chronisten berichten auch häufig von der Streitsucht nicht nur unter Rittern oder Knechten, sondern auch unter den Fürsten. Der Spielteufel galt dabei als gefährlicher Unruhestifter. Deshalb erließ König Richard von England gleich zu Beginn des dritten Kreuzzuges eine Verordnung, wonach das Glücksspiel um Geld nur in beschränktem Umfang bei Rittern und Klerikern erlaubt, für Knechte bei Strafe des Auspeitschens verboten war — nur die Könige durften unbegrenzt spielen.

Im übrigen diente das Lagerleben nicht nur zum Vergnügen, sondern auch zur Ausbildung. Die Ritter maßen sich untereinander mit ihren Waffen, das Fußvolk wurde regelrecht gedrillt.

Die Sommermonate Juli bis September galten als ausgesprochen »blutig«, während im Dezember und Januar fast durch das ganze Mittelalter hindurch keine Kampfhandlungen stattfanden. Die Chroniken berichten uns über einen Zeitraum von fünfhundert Jahren nur von neuen Schlachten in diesen beiden Monaten. Für Wochentage lassen sich keine festen Regeln aufstellen. Zwar wurden vielfach von seiten der Ritter und Fürsten Bedenken gegen den Sonntag als Kampftag geäußert, wogegen der Samstag geradezu als der beliebteste Kampftag des Mittelalters angesehen werden kann. Auch die Vollmondzeit wählte man gerne für den Kampf, da die mondhellen Nächte den Botenverkehr und den Anmarsch der Heere begünstigten.

Nahte dann der Tag der Schlacht, so wurden die Truppen, die zumeist aus Rittern und Fußsoldaten bestanden, in Schlachthaufen eingeteilt; eine solche Abteilung hieß Rotte oder Schar und kämpfte geordnet und gemeinsam. Dann hörten die Krieger am Morgen vor dem Kampf die Messe und machten, nachdem sie gebeichtet und kommuniziert hatten, ihren Frieden mit Gott. Plötzlich ertönte ein Hornsignal, das Zeichen zum Satteln, auf ein erneutes Signal hin mußte alles bereit sein. Der Feldherr ritt vor die Front und feuerte die Leute an, tapfer zu kämpfen. Dann bewegten sich die Scharen dicht geschlossen langsam vorwärts, das Fußvolk voran, danach die Ritter mit eingelegter Lanze. Allen voraus wurde die Fahne getragen. Der Fürst hatte sie einem besonders tapferen und umsichtigen Mann anvertraut, es konnte sogar sein, daß er sie — wie König Otto der Große bei der Schlacht auf dem Lechfeld — im entscheidenden Augenblick selbst ergriff. Sank die Fahne, fiel der Fahnenträger, so flohen die Truppen oder sie ergaben sich. Deshalb wurden die tapfersten Soldaten zum Schutz des Fahnenträgers bestellt.

1167 warf Heinrich von Essex das königliche Banner fort, weil er infolge eines Irrtums angenommen hatte, daß König Heinrich II. gefallen sei. Er verschuldete damit beinahe eine gefährliche Niederlage der Engländer. Nach dem Krieg warf ihm daraufhin ein anderer Ritter Feigheit vor. Der Fahnenträger verteidigte sich jedoch mit dem Hinweis auf seinen Irrtum und erklärte sich bereit, seine Unschuld im Zweikampf zu erweisen. Er wurde von seinem Gegner besiegt und blieb wie tot liegen. Als man ihn in einem nahen Kloster bestatten wollte, kam er wieder zu sich. Er wurde für ehrlos und seines Erbes verlustig erklärt und trat als Mönch in das Kloster ein.

Um die Sturmfahne allen Kriegern möglichst weithin sichtbar zu machen, erfanden die Italiener eine neue Methode, die sich bald auch über Mittel- und Westeuropa verbreitete. Sie pflanzten die Fahne auf einen hohen Mast und setzten diesen auf einen Wagen. Dieser Carroccio, Standhart oder Fahnenwagen, wie man ihn nannte, wurde gewöhnlich von Ochsen in die Schlacht gezogen, weil diese sich nicht so leicht aus der Ruhe bringen ließen wie Pferde; eine Zinnenwehr schützte den eisenbeschlagenen Mast, und tapfere Krieger verteidigten diese kleine bewegliche Holzfestung. Manchmal gab es auf dem Wagen auch eine Glocke, die ein Mann läutete, wenn das Heer vorrücken sollte. Konnten die Feinde den Fahnenwagen stürmen oder stürzen, entschieden sie damit meistens auch die Schlacht zu ihren Gunsten.

Beim Vorrücken stimmte einer der Kämpfer laut das Wicliet, den Schlachtgesang, an, und die Krieger fielen ein. »In Gottes Namen fahren wir« galt als

Befehl zur Heerfahrt im Jahre 1107

Heinrich, von Gottes Gnaden König der Römer, versichert seinem vielgeliebten getreuen Bischof Otto von Bamberg seine Huld und wünscht ihm alles Gute.

Während wir uns darüber freuten, daß Gottes Vorsehung und liebevoller Ratschluß unserem Reich allenthalben Friede beschert hatten, erschienen von Gottfried von Niederlothringen, Balduin III., Grafen von Hennegau, und anderen Getreuen der Mark Flandern bei uns Boten, die meldeten, ihre Herren könnten die Untaten des Grafen Robert II. von Flandern nicht länger ertragen. Dieser Robert ist nämlich in unser Reich eingefallen und hat sich allen, die darin wohnen, zur Schmach des Bistums Cambrai bemächtigt. Wir haben deshalb, wie es die Angelegenheit erforderte, unsere Fürsten berufen und uns mit ihnen besprochen; sie nahmen voller Weisheit von der Sache Kenntnis. Wir beschlossen dann mit ihrem Rat eine Heerfahrt nach Flandern gegen diesen anmaßenden Feind, der uns eigentlich zu Diensten sein sollte, damit er nicht länger sein übermütiges Wesen zum Schaden und zur Schande des Reiches treiben könne. Erwäge wohl in deinem Herzen, wie eine so offenkundige und allgemeine Schmach unseres Reiches auch dich angeht, wenn du deine Ehre liebst. Wir bitten dich darum, versprechen dir auch eine Belohnung, die dir sehr erwünscht sein wird, und ermahnen dich bei der Treue, die du uns und dem Reiche schuldest, getreu und klug zu handeln, und ohne irgendeinen Vorwand dich an der Heerfahrt zu beteiligen, wie es des Reiches und deine Ehre heischt. Wisse, daß wir am nächsten allerheiligen Feste zu Tongern bei Lüttich mit den übrigen Fürsten zusammentreffen, um gen Flandern zu reiten. Wundere dich nicht, daß wir den Hoftag zu Regensburg abgesagt haben, der bei der letzten Zusammenkunft mit dir festgesetzt worden war, denn die Erledigung dieser wichtigen Angelegenheit und der von all den unseren zur Ehre des Reiches mit solcher Festigkeit gebilligte Feldzug machen die Abhaltung dieses Hoftages unmöglich.

eines der beliebtesten Lieder. Bald aber verwandelte sich der Gesang in lautes Kampfgeschrei. »Hie Rome« schrien die Truppen der deutschen Kaiser, »Hilf, heiliges Grab« die Kreuzfahrer, »mon joie saint denis« die Franzosen. Hörner und Posaunen schmetterten, der Lärm steigerte sich immer mehr, und dann stießen die feindlichen Heere aufeinander.

Über Einzelheiten der ritterlichen Schlachten sind wir nur sehr ungenau unterrichtet. In der eigentlichen Ritterschlacht dürfte die Bedeutung der Fußkämpfer ursprünglich nur gering gewesen sein. Sie waren den Rittern beigeordnet, so daß jeder Ritter von ein bis zwei Fußknechten begleitet wurde. Jedoch große geschlossene Haufen Fußvolks konnten den Rittern schwer zu schaffen machen. Wir können heute nicht genau feststellen, ob es für die ritterliche Schlachtordnung einheitliche Grundsätze gab, oder ob diese Ordnung abhängig war vom Ort der Schlacht und der Zusammensetzung des Heeres. Strittig ist es auch, ob die Ritter tatsächlich so häufig in keilförmiger Schlachtordnung angegriffen, wie die Chroniken berichten, oder ob man unter diesem Keil nicht in Wirklichkeit einen Gevierthaufen, ein Rechteck mit nach vorn gekehrter Schmalseite, zu verstehen hat. Immerhin wissen wir von der Schlacht der Nürnberger gegen den Markgrafen Albrecht Achilles von Brandenburg 1450, daß auf Seiten der Nürnberger die Ritter in Gliedern von fünf, sieben, neun und elf standen, auf Seiten des Markgrafen war die Reihe fünf — sieben — neun — elf — dreizehn.

Lange wogte oft der Kampf unentschieden. Die Heerführer setzten alle verfügbaren Kräfte ein, Reserven galten als unehrenhaft. Als König Rudolf von Habsburg 1278 vor der Schlacht gegen Ottokar von Böhmen auf dem Marchfeld zwei seiner Unterführer beauftragte, mit einer Truppenreserve im Hintergrund zu warten, konnte er sie nur mit Mühe zur Übernahme dieses Auftrages bewegen. Die beiden entschuldigten sich in aller Form bei den übrigen Rittern des Heeres und beriefen sich auf den ausdrücklichen Befehl des Königs, wenn sie sich nicht mit am Kampf beteiligten.

Kühn griffen die Ritter an und verschmähten oft in ihrem Wagemut Rückhalt und Anschluß. Auch das Schießen aus der Ferne verachteten sie. »Verflucht sei der Mensch, der zuerst mit dem Bogen schoß, er war ein Feigling, der es nicht wagte, nahe genug heranzukommen«, so hieß es bei den tapferen Kämpfern. Doch mit der zunehmenden Bedeutung des Fußvolkes änderten sich auch hier die Verhältnisse. Als in der Schlacht von Campaldino 1289, an der auch Dante teilnahm, eine kaiserliche Reiterschar sich mutig und kühn zu weit vorwagte und vom feindlichen Fußvolk umzingelt wurde, sagte einer der Gegner zu ihnen: »Ihr Herren, früher wurden die Schlachten durch wackeres Angreifen gewonnen, und sie dauerten nicht lange, und wenige Menschen kamen darin um. Denn es war nicht Brauch totzuschlagen. Jetzt ist es anders geworden, und sie werden gewonnen durch wackeres Standhalten.«

War die Entscheidung gefallen, so verfolgte der Sieger keineswegs den geschlagenen Feind, sondern er legte den größten Wert darauf, das Schlachtfeld zu behaupten. So lagerte König Albrecht nach der Schlacht von Göllheim sieben Tage auf der Walstatt.

Über die Verluste der Kämpfenden sind wir nur sehr ungenau unterrichtet. Oft hören wir phantastische Zahlen. Aber wie vorsichtig man mit solchen Angaben aus dem Mittelalter sein muß, beweist ein Brief des Kölner Erzbischofs Rainald, in dem er über die Schlacht von Tusculum und seinen Sieg berichtet. Dort gibt er die Zahl der römischen Gegner einmal mit 40000, dann mit 30000 an; 900 von ihnen sollen getötet, 5000 gefangen worden sein. Ihnen standen nur 106 Kölner Ritter gegenüber, von denen er, so versichert der Erzbischof, nicht einen Mann verloren habe! Nun ist an der Zahl von 106 Rittern nicht zu zweifeln, auch nicht an der großen Überlegenheit der Römer, aber die Zahl von 40000 Gegnern dürfte trotzdem etwa um das Zehnfache übertrieben sein.

Der Bischof von Lüttich soll 1213 in einer Schlacht gegen den Herzog von Löwen nur zehn Mann verloren haben, während es bei seinem Gegner 2200 Tote und 5000 Gefangene waren. In einer anderen Chronik heißt es, daß Kaiser Otto IV. 1214 bei Bouvines 30000 als Tote und Gefangene verlor. Ein schönes Beispiel für die Unzuverlässigkeit der Chronisten in dieser Hinsicht bieten uns die Angaben über ein Gefecht zwischen den Bewohnern von Cremona und Brescia im Jahre 1191: Der eine Chronist beziffert die Verluste der Cremoneser auf 161 Tote, ein zweiter aber auf 12000.

Mehr noch als der Verlauf einer Schlacht dürfte die Frage nach der Versorgung der Verwundeten und nach dem Schicksal der Gefangenen beachtenswert sein. Zwar folgten dem Heer auch eine Anzahl Ärzte, die sich der Verwundeten annahmen, die Pfeil- und Lanzenspitzen mit Zangen herauszogen oder sie herausschnitten, die Wunden mit Öl und Wein auswuschen und verbanden. Sicher hat es auch hier tüchtige Leute gegeben, aber im allgemeinen klingen die Nachrichten über die Kunst der Ärzte in schwierigen Fällen nicht gerade vertrauenerweckend. Besonders schlecht ging es vor allem den schwerverwundeten einfachen Kriegern, denen kaum eine aufmerksame Pflege zuteil wurde. Mancher, der zu retten gewesen wäre, starb an Wundbrand oder durch ungeschickte Pflege. Selbst König Richard Löwenherz von England mußte sich von einem Pfuscher die Pfeilspitze aus dem Arm schneiden lassen und erlag der Wunde. Herzog Leopold von Österreich ließ sich 1194 von seinem Kammerdiener den verwundeten Fuß mit Beil und Hammer abhauen, da kein Arzt diese Operation übernehmen wollte; er starb unter furchtbaren Schmerzen. Die vornehmen Herren wurden so rasch wie möglich auf eine Burg gebracht, wo dann Frauen die Pflege übernahmen. Konnten die Verwundeten nicht heimgeschickt werden, so mußten sie selbst dem Heer folgen oder wurden mitgeschleppt, was gerade im Feindesland gefährlich sein konnte, da sie ja bei einem plötzlichen Angriff keine Möglichkeit hatten, sich zu wehren oder zu fliehen. Die Leichen der Männer, die im Kampf umgekommen oder wegen ihrer schweren Rüstung im Getümmel erstickt waren, wurden bestattet, die fremden, unbekannten Toten oder die Heiden auch verbrannt. Für den Ritter galt es als unehrenhaft, den toten Gegner auszuplündern. Nur mit den Waffen der Gefallenen ergänzte man die eigenen Vorräte. Knechte und niederes Volk hatten keine solchen Hemmungen und plünderten, wo es zu plündern gab. Das galt auch für die arme Zivilbevölkerung in der Umgebung des Schlachtfeldes, konnte doch schon das Abledern der Pferdekadaver nach damaligen Verhältnissen eine reiche Beute bedeuten.

In einer Zeit, da Grausamkeit geradezu als selbstverständlich angesehen wurde, mochte das Los der Toten besser sein als das mancher Gefangenen. Wir wollen hier gar nicht von der Behandlung heidnischer Gefangener, etwa während der Kreuzzüge, sprechen, auch den Christen erging es oft nicht viel besser. Es gibt Fälle, in denen selbst angesehene Herrscher wie Friedrich Barbarossa oder Richard Löwenherz Gefangene blenden oder ihnen die Nasen abschneiden ließen. In der Regel nahm man den Gefangenen zumindest die Rüstung und vielfach auch die guten Unterkleider ab, so daß sie halbnackt dastanden. Dann mußten sie auf Pferde steigen, bekamen die Hände auf den Rücken, die Beine unter den Bauch des Pferdes zusammengebunden, und so führten sie die Sieger in die Gefangenschaft. Von den Burgverliesen haben wir schon gehört. An diesen wenig angenehmen Aufenthaltsorten mußten sie, oft nur in Lumpen gehüllt, manchmal mit Ketten an die Wand des Kerkers geschmiedet, warten, bis das Lösegeld für sie eintraf.

Eine solche Zahlung konnte aber gerade bei vornehmen Gefangenen zu einer recht umständlichen Prozedur ausarten. Da setzte zuerst einmal der Sieger die Höhe des Lösegeldes fest. Fachmännisch schätzte er dabei die Beute ab und trieb nach Möglichkeit die Summe hoch hinauf. Wir hören 1270 von einem

Ritter, der sich mit 1500 Mark, das entspricht nach damaligen Verhältnissen dem Wert von fünfhundert Pferden, loskaufte. Hatten sich die Parteien über den Preis geeinigt, dann stellten sie gegenseitig Geiseln, um jeden Betrug auszuschalten. Natürlich ging es nicht immer ganz so umständlich zu, jedoch langsam genug, so daß es sich nicht lohnte, Knechte oder einfache Soldaten gefangenzuhalten. »Das gemeine Volk wurde nackt ausgezogen und zurückgeschickt«, heißt es kurz und bündig in einer Chronik über die Schlacht bei Westcapel im Jahr 1253. Das dürfte wohl ein häufig geübtes Verfahren gewesen sein!

Im übrigen entschied eine verlorene Schlacht noch lange nicht über einen Krieg. Das geschlagene Heer zog sich nach Möglichkeit in eine oder mehrere Burgen zurück, und der offene Kampf der Feldschlacht konnte in eine langwierige Belagerung ausarten. Erst bei einer hoffnungslosen Lage sandte der Unterlegene Parlamentäre zum Gegner und verabredete mit ihm Friedensverhandlungen. Dann stellte man Geiseln, und schließlich wurde der Friede feierlich beschworen. Der König schwur übrigens bei seinem Barte, und dieser Eid galt als besonders unverletzlich.

Natürlich mußte der Besiegte meist auch eine hohe Summe als Kriegsentschädigung zahlen. So erhielt zum Beispiel Kaiser Friedrich Barbarossa 1158 von den Mailändern rund 400 000 Mark nach heutigem Geld, eine für damalige Verhältnisse geradezu ungeheure Summe. Deshalb ist es auch verständlich und gerecht, daß der siegreiche Fürst Ritter wie Knechte erst belohnte, ehe er sie in die Heimat entließ.

Vor lauter Kriegen, Kämpfen und Fehden übersieht man jedoch nur zu leicht jene bescheidenen, doch sehr ernst gemeinten Bemühungen um einen dauernden Frieden zwischen den einzelnen Rittern und zwischen ganzen Staaten. Natürliche Aufgabe der Kirche war es, hier immer und immer wieder mahnend ihre Stimme zu erheben und notfalls auch mit ernsten Kirchenstrafen zu drohen, um den dauernden Hader wenigstens einigermaßen einzudämmen. Das erste große Friedensgebot erließen die deutschen Bischöfe zusammen mit den Fürsten im Jahr 1034 für fünf Jahre. Niemand sollte Blutrache oder sonstige Gewalt üben, niemand Waffen tragen, für Raub und Diebstahl wurden strengste Strafen an Leib und Leben angedroht, für alle Freitage und Samstage strenges Fasten verordnet. Ein so schweres Verbot konnte niemals allgemeine Billigung finden. Deshalb schränkte man schon 1041 diese Friedensordnung auf die Zeit von Mittwochabend bis Montagfrüh ein, weil der Herr am Donnerstag das Abendmahl eingesetzt, am Freitag gestorben und am Sonntag auferstanden

Transport eines Gefangenen. Miniatur aus der Fierabras-Handschrift.

sei. Auch die Fastenzeit, die großen Kirchenfeste, wie Advent und Ostern, wurden in diesen Gottesfrieden eingeschlossen, der den Namen »treuga dei«, Gottes Treue, erhielt. Kaiser Heinrich III. stellte sich im Reich selbst mit all seiner Autorität hinter dieses Friedensgebot, und Kaiser Heinrich IV. erhob es 1085 sogar zum Reichsgesetz und ergänzte es 1103 noch durch neue Vorschriften. Damals rühmte ein Chronist: »Das Friedensgebot nutzt den Guten und Geringen ebensosehr, wie es den Bösen und Mächtigen schadet. Wer früher auf schäumenden Rossen einhersprengte, ist jetzt froh, wenn er einen Ackergaul zu besteigen hat. Wer einst nur in Purpur einherging, ist jetzt mit einem schlichten Gewande zufrieden.« Doch schützte dieses Gesetz in Wirklichkeit nur Kaufleute, Geistliche, Frauen und Juden. Auch wegen Geldforderungen durften bei Gefahr des Verlustes von Hand und Auge keine Fehden mehr vom Zaun gebrochen werden. Und kein Kaiser durfte es wagen, der Ritterschaft ihre Rechte vollständig zu beschneiden. Er hätte allein und ohne Hilfe gestanden.

Das große Ziel

Die Kreuzzüge

»Ihr, die ihr Witwen und Waisen beraubt, die Unschuldigen unterdrückt, die Kirchen mit Waffengetümmel erfüllt und entehrt und des Rittertums Gürtel nur tragt als ein Zeichen, daß ihr gewohnt seid, nicht die Kirche und ihre Diener, wie ihr gelobt, zu schützen, sondern des Erlösers Schafstall zu verwüsten, euch einander selbst zu zerfleischen und wie die Geier den Leichnamen so den Kriegern und Fehden in entfernte Gegenden nachzuziehen, legt ab den Gürtel eines solchen Rittertums, das von Gott fern ist, werdet Ritter Christi und eilt herbei zum Schutz der morgenländischen Kirche, welche die Milch des göttlichen Wortes in euren Mund träufelt!«

Das waren scharfe Worte, die Papst Urban II. am 26. November 1095 zu Clermont in Frankreich in Gegenwart von über zweihundert Bischöfen und vierhundert Äbten vor zahllosen Geistlichen, Rittern und vor einfachem Volk sprach. Aber schwerwiegende Gründe rechtfertigen diese scharfe Sprache. Seit die Seldschuken, ein türkischer Volksstamm, Syrien und Palästina erobert hatten, wurden die von den Arabern bis dahin geduldeten Pilger aus dem Abendland, die zu den heiligen Stätten zogen, mißhandelt, beraubt und ermordet. Mahnend erhob nun der Papst seine Stimme vor der Ritterschaft, doch auszuziehen, um diese heiligen Stätten aus den Händen der Ungläubigen zu befreien. Eine alles mitreißende Begeisterung ergriff die Zuhörer bei seinen Worten, und aus tausend Kehlen erscholl der Ruf »deus le volt — Gott will es!« Die Ritter hefteten sich ein rotes Kreuz auf die rechte Schulter, zum Zeichen, daß sie bereit waren, als »Kreuzfahrer« am Kampf um die Befreiung des Heiligen Landes teilzunehmen. Dafür wurden ihnen nicht nur völliger Ablaß ihrer Sünden und ewiger Lohn im Himmel verheißen, sondern auch gewisse irdische Vorteile, wie Steuerfreiheit und Aufschub ihrer Schuldzahlungen.

Mit dem denkwürdigen Tag von Clermont begann eine Bewegung, die das ganze Abendland erfassen, die sich über zwei Jahrhunderte hinziehen und in sieben großen Unternehmungen, die wir als Kreuzzüge bezeichnen, mehr als eine Million Menschen, Kaiser, Könige und Fürsten, Geistliche wie Laien, Ritter und einfaches Volk, in das Heilige Land führen sollte. Nicht nur die Prediger, sondern auch die großen Dichter wie Walther von der Vogelweide oder Wolfram von Eschenbach riefen in zündenden Worten zur Kreuzfahrt auf. Nur wenn wir auf der einen Seite den Ruf des Dichters »ehrlos alle, die nicht ziehen«, und auf der anderen den Geist abendländischer Ritter sehen, die über alle äußeren Gründe militärischer und wirtschaftlicher Art hinaus ihre Aufgabe als Gotteshelfer sehr ernst nahmen, wird die stets neue Begeisterung, mit der die Elite des Abendlandes immer wieder Strapazen und Entbehrungen so willig trug, um des großen fernen Zieles willen, einigermaßen verständlich.

Die Größe der Leistung darf nicht unterschätzt werden. Während im frühen Mittelalter die Pilger mit Schiffen von Frankreich und Italien aus nach Konstantinopel gesegelt waren, um von dort aus das Heilige Land zu erreichen, schlugen die meisten Kreuzfahrer den Landweg über Ungarn und Bulgarien ein. Wer heute im Polsterabteil eines modernen Schnellzuges von Deutschland aus etwa über den Balkan nach Konstantinopel reist und zwei Tage lang die oft eintönige Landschaft an sich vorübergleiten läßt, ungeduldig darüber, daß die Fahrt kein Ende nehmen will, der denkt kaum daran, daß dieser Weg einst von den Kreuzfahrern zu Pferd und zu Fuß zurückgelegt wurde. Doch am ersten großen Ruhepunkt Konstantinopel hatten sie erst etwa zweitausend Kilometer ihres Weges geschafft, nun begannen die eigentlichen Strapazen. Von Konstantinopel zogen sie noch weitere 1500 Kilometer durch Feindesland, jeden Augenblick eines Überfalles gewärtig, bedroht von Hunger, den Durst an verseuchten Wasserstellen löschend, bepackt mit Waffen und Ausrüstung; und das im Sommer bei Temperaturen bis zu dreißig Grad und mehr im Schatten!

Selbst unsere modernen, leichtbekleideten und bequem ausgerüsteten Reisenden fahren heute höchstens im Frühjahr oder im Herbst nach Palästina. Die ersten Kreuzfahrer aber stürmten in der heißesten Zeit des Jahres, am 14. und 15. Juli, in voller Rüstung schwer kämpfend, die Mauern von Jerusalem!

Es gab Ritter, die im guten Glauben einfach loszogen, ohne sich um eine entsprechende Ausrüstung zu kümmern. Das waren die ersten, die unterwegs scheiterten. Die meisten erkannten wenigstens, daß nicht nur guter Wille allein, sondern auch eine sorgfältige Ausrüstung für das Gelingen der Kreuzfahrt und nicht zuletzt auch für eine glückliche Heimkehr notwendig war. Feste Vorschriften wurden in dieser Hinsicht erst gegen Ende der Kreuzzüge erlassen. Jeder Teilnehmer mußte dann eine bestimmte Geldsumme und

Aufruf zur Kreuzfahrt im Jahre 1213 durch Papst Innozens III.

Der allmächtige Gott hätte, wenn es sein Wille wäre, das Heilige Land in seiner ganzen Ausdehnung vor einer feindlichen Besetzung bewahren können; er könnte es auch leicht aus Feindeshand befreien, da sich seinem Willen nichts zu widersetzen vermag, aber dieweil die Ungerechtigkeit überhand genommen hat, und die Liebe vieler erkaltet, hat Gott seinen Gläubigen diesen Kampf zur Aufgabe gemacht, um sie so vom Todesschlaf zum Eifer für das Leben zu erwecken und ihren Glauben wie Gold im Feuerofen zu läutern. Welch reicher Segensquell ist diesem Kampf bis jetzt entsprungen! Wieviele haben sich zur Reue bekehrt, sich, um das Heilige Land zu befreien, zum Gehorsam gegen den Gekreuzigten verpflichtet; sie, die vielleicht sonst mitten in ihren Sünden dahingestorben wären.

Allen, die auf ihre Kosten in eigener Person die Kreuzfahrt unternehmen, gewähren wir vollkommenen Nachlaß ihrer Sünden, wenn sie diese aufrichtigen Herzens bereut und mit dem Munde bekannt haben, und versprechen ihnen, bei der Belohnung der Gerechten im Himmel eine Vermehrung ihrer ewigen Wonne. Diese Gnade soll auch allen, die nicht selbst ausziehen, aber die Kreuzfahrer durch Spenden unterstützen, nach dem Maße ihrer Gaben und ihrer frommen Gesinnung zuteil werden. Von dem Augenblick an, da jemand das Kreuz nimmt, steht er unter dem besonderen Schutz der Kirche, und weder Christ noch Jude darf von einem Kreuzfahrer Zinsen verlangen.

Um nicht den Anschein zu erwecken, als legten wir anderen schwere und unerträgliche Lasten auf, an die wir selbst nicht mit einem Finger rührten, versichern wir in Wahrheit vor Gott, daß wir das, was wir von anderen verlangen, selbst mit größter Bereitwilligkeit leisten werden. Den Geistlichen gestatten wir zu diesem Zweck, unter Aufhebung gegenteiliger Vorschriften, die Einkünfte ihrer Pfründen auf drei Jahre hinaus zu verpfänden. In den Kirchen, zu denen allgemeine Prozessionen kommen, soll ein Opferstock aufgestellt werden. Er ist mit drei Schlüsseln zu versperren; den einen erhält ein ehrsamer Priester, den zweiten ein frommer Laie und den dritten ein Ordensmann zur gewissenhaften Aufbewahrung. In diesen Opferstock haben Kleriker und Laien, Männer und Frauen zur Unterstützung des Heiligen Landes ihre Gaben zu legen, die dann nach der Anweisung der hierfür aufgestellten Personen zu verwenden sind.

sechs Butterkrüge, einen Ranzen voll Schweinefleisch, eine gepökelte Ochsenseite und ein halbes Maß Mehl an Vorräten mit sich führen. Vornehme Herren und Fürsten hatten es etwas leichter; so ließ 1163 der ungarische König Bela durch den Johanniterorden für zehntausend Goldstücke Landgüter in Palästina kaufen, um von ihrem Ertrag während seines Aufenthaltes dort leben zu können.

Die ersten Ritter betrieben noch ihre Ausrüstung, da zogen im Frühjahr 1096 schon ungeordnete und schlechtbewaffnete Volksscharen über den Balkan nach Kleinasien, wo sie dann bald von den Seldschuken aufgerieben wurden. Als sich das eigentliche Kreuzfahrerheer endlich in Bewegung setzte, hatten schon rund hunderttausend von den ursprünglich etwa dreihunderttausend Menschen den Tod gefunden.

Zum Führer des ersten Kreuzfahrerheeres wählten die Ritter, zumeist Franzosen und Normannen, den Herzog von Niederlothringen, Gottfried von Bouillon, wohl den bedeutendsten Fürsten, der sich durch seine selbstlose Hingabe an die Kreuzzugsidee auszeichnete. Erst nach zwei Jahren, am 7. Juni 1099, erreichte das Heer, das nach schweren Strapazen und zahllosen Kämpfen auf zwanzigtausend Krieger zusammengeschmolzen war, endlich Jerusalem. Aus entlegenen Wäldern mußten sie das Holz für die Belagerungsmaschinen herbeischaffen, und unter der verzehrenden Glut der Sonne stürmten sie schließlich zwei Tage lang unentwegt die Mauern der Stadt, bis am 16. Juli Gottfried von seinem Belagerungsturm aus als einer der ersten in Jerusalem eindringen konnte.

Was sich dann allerdings abspielte, gehörte keineswegs zu den Ruhmestaten der Kreuzfahrer. Die Angreifer wurden von einem Blutrausch erfaßt, der sich keineswegs entschuldigen, sondern höchstens mit dem modernen Begriff der Stress-Situation erklären läßt. Die geradezu unwahrscheinliche körperliche Belastung durch die Hitze und die Anstrengung des Kampfes ließ die Männer völlig vergessen, daß sie eigentlich im Dienste Gottes den Kampf begonnen hatten und entlud sich nun in einem entsetzlichen Straßenkampf, bei dem es auch für die Wehrlosen keine Schonung gab. Juden und Mohammedaner wurden abgeschlachtet, und selbst Christen waren unter den Opfern.

Schon sieben Tage später wählten Ritter und Fürsten Gottfried zum ersten Herrscher des nun zu errichtenden Kreuzfahrerstaates. Für den Augenblick

Troßwagen auf dem Marsch, beladen mit Gepäckstücken und Rüstungen. Besonders die schweren Helme wurden hier abgelegt. Aus einer Handschrift um 1250.

Uali: dauid ueniens i caftra cum offert uellet que atulerat. indito clamore aciem que
ad pugnam parat erant dimittit omnia. ad fimulas uftozum cuftodias cupi
apetam nidit ad locum prclii.

ودا وو د کوالی لشکر رسید و آواز لشکریان لشکرشنید در مرد با خود راگذاشت الا
کسی سپرد و خود نیان لشکرامد داود بنگدریخ لعهد رمیر هر لا ه با
کیرداشد کدای کمپورد کورمسی ام اور ال

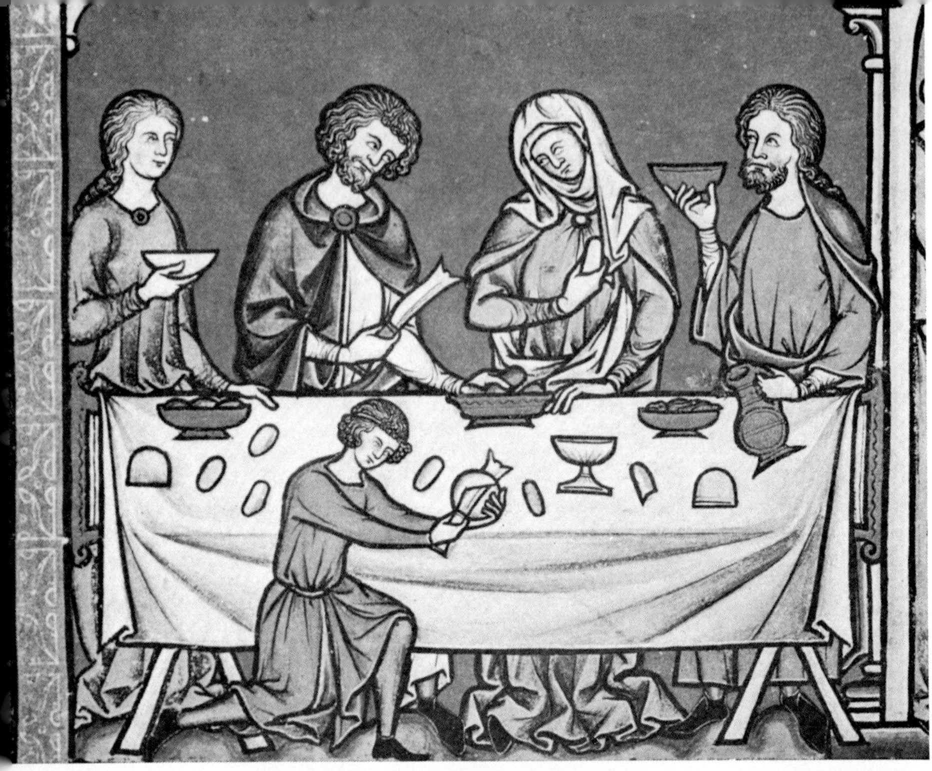

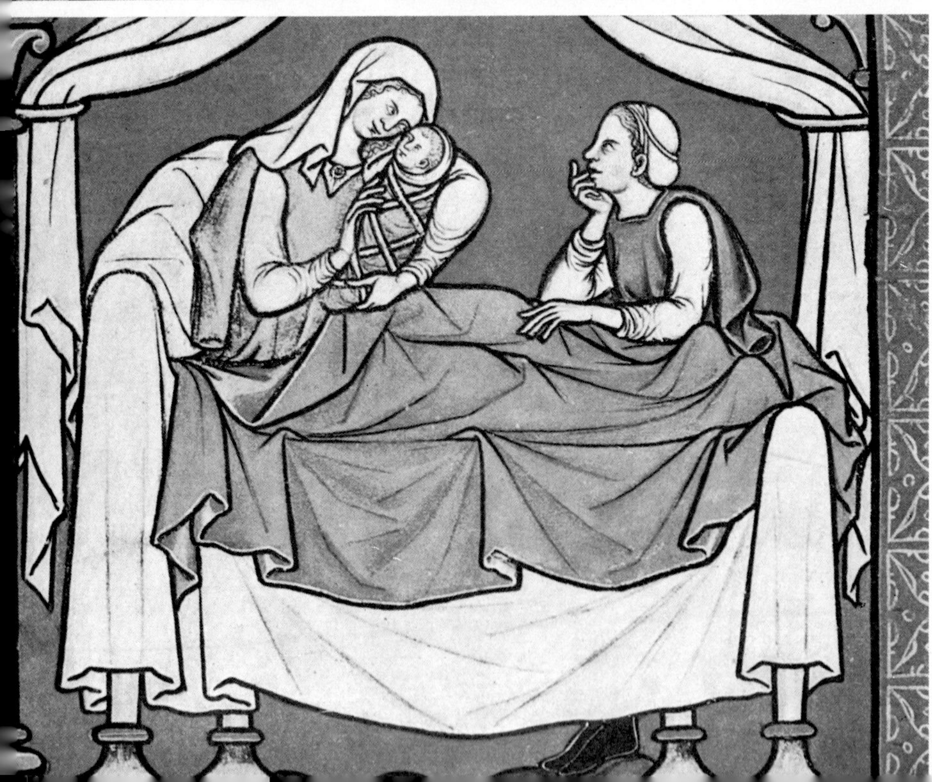

schien dieser neue Staat mächtig genug, um allen Angriffen der Ungläubigen trotzen zu können. Aber schon knapp ein halbes Jahrhundert später mußten die Ritter das Abendland um Hilfe bitten, da die Seldschuken den kleinen Staat hart bedrängten. Da rief in Deutschland und Frankreich Bernhard von Clairvaux 1147 in feuriger Rede zu einem neuen Kreuzzug auf. Selbst der deutsche König Konrad III. nahm, mitgerissen von den Worten des großen Predigers, das Kreuz. Aber er erkrankte unterwegs, mußte in die Heimat zurückziehen, und der zweite Kreuzzug endete 1149 erfolglos.

Wenige Jahrzehnte danach drohte dem Königreich eine neue Gefahr durch Saladin, dem Sultan von Ägypten, der die Uneinigkeit der fränkischen Ritter ausnutzte. Fast auf den Tag genau 28 Jahre nach der Erstürmung Jerusalems eroberte er die Stadt für den Islam zurück. Dieser furchtbare Schlag löste zum drittenmal eine Kreuzzugsbewegung im Abendland aus. Anfangs schien alles unter einem besonders guten Stern zu stehen. Der greise Kaiser Friedrich Barbarossa traf persönlich alle Vorbereitungen. Gleichzeitig mit ihm rüsteten Philipp II., der König von Frankreich, und Richard Löwenherz, der König von England. Während Engländer und Franzosen mit Schiffen zur Küste Palästinas segelten, schlug Barbarossa 1189 mit seinem Heer den Landweg ein. Aber noch bevor er sein Ziel erreichen konnte, ertrank er in Kleinasien in einem Fluß. Mit seinem Tod war auch das Schicksal des führerlos gewordenen Kreuzfahrerheeres entschieden. Ein Teil der Ritter zog in die Heimat zurück, die anderen schlossen sich dem englisch-französischen Heer an, das die ebenfalls von Saladin eroberte Hafenstadt Akka belagerte. Zwar konnten die Kreuzfahrer die Stadt erobern, dann aber schwächten Uneinigkeit und dauernde Streitereien das Heer, an denen nicht zuletzt das hochfahrende Wesen des englischen Königs die Schuld trug. Der mit so viel Hoffnung begonnene Feldzug endete mit einem dürftigen Frieden, der den Christen nur einen kleinen Küstenstreifen beließ. Für drei Jahre durften die Pilger die heiligen Stätten besuchen, die weiterhin in den Händen Saladins verblieben.

Was in der Geschichte allgemein als vierter Kreuzzug bezeichnet wird, hat kaum mehr etwas mit dem Kampf um Palästina zu tun. Zwar fanden sich zahllose französische und deutsche Ritter zu einem neuen Kampf bereit. Sie sollten 1202 von Venedig aus mit Schiffen nach dem Orient gebracht werden.

Links oben: Tafelszene um 1250.
Unten: Frau und Kleinkind in einem Spannbett um 1250.

Doch als sie den Venezianern die geforderte Summe für die Überfahrt nicht zahlen konnten, mußten sie erst einmal die Stadt Zara an der dalmatinischen Küste für Venedig erobern. Dann wurden die Ritter ganz von ihrem ursprünglichen Ziel abgelenkt, als sie sich in Thronstreitigkeiten um das byzantinische Reich mischten und, statt gegen die Ungläubigen zu kämpfen, Konstantinopel belagerten und eroberten. Damit aber fand dieser merkwürdige »Kreuzzug« 1204 eine Ende, ohne daß die aufgebotenen Kräfte jemals Palästina erreicht hätten.

Erst der Zug des Stauferkaisers Friedrich II. in den Jahren 1228 und 1229 sollte den Christen einen unerwarteten Erfolg bringen. Friedrich gelang es nämlich, durch einen Vertrag mit dem Sultan Elkamil Jerusalem und einen Teil Palästinas zurückzugewinnen. Nichts kann den Wandel des Kreuzzugsgedanken deutlicher werden lassen als gerade dieser Vertrag. Das Heilige Land, hundertfünfzig Jahre lang mit dem Schwert umkämpft, wurde nun zum Gegenstand politischer Verträge. Friedrich selbst ließ sich in der Grabeskirche zum König von Jerusalem krönen.

Doch nur fünfzehn Jahre sollte das neu erstandene Königreich existieren. Noch zu Lebzeiten Friedrichs eroberten 1244 die Mohammedaner unter einem neuen Sultan die Stadt, die damit für immer verlorenging. Zweimal noch versuchten abendländische Ritter unter dem französischen König Ludwig IX. den Kampf gegen die Ungläubigen wieder aufzunehmen, beide Kreuzzüge aber, der erste gegen Ägypten, dem Hauptsitz der Sarazenen, der zweite gegen Tunis, endeten erfolglos.

So viel in den Geschichtsbüchern über die einzelnen Kreuzzüge zu lesen ist, so wenig findet man gewöhnlich über die großen Leistungen jener Ritter, die zwei Jahrhunderte lang das Heilige Land besetzt hielten. Dreieinhalbtausend Kilometer von der Heimat entfernt, standen sie oft auf verlorenem Posten. Schon mit Gottfried von Bouillon waren nach dem erfolgreichen ersten Kreuzzug nur dreihundert Ritter zum Schutz des neuen Kreuzfahrerstaates zurückgeblieben. Mit dem Nachschub sah es stets schlecht aus, denn die meisten Kreuzfahrer wollten wieder in die Heimat zu ihren Familien zurückkehren. Die größte Streitmacht, die je von den Kreuzfahrern in Palästina selbst aufgeboten werden konnte, dürfte 1183 Saladin gegenübergestanden sein, und auch sie verfügte nur über 2600 Pferde! Trotzdem errichteten Ritter überall im Land Burgen von oft grandiosem Ausmaß. Bewundernd steht man noch heute etwa vor den Verteidigungsanlagen von Saone, wo die Normannen 170000 Tonnen gewachsenen Fels abgeschlagen haben, um einen Graben zu vertiefen. Die riesigen Kellergewölbe von Markat konnten Proviant für tausend Mann und für eine fünfjährige Belagerung aufnehmen. Der Krak des Chevaliers an den Hängen des Libanon gilt auch heute noch als eine der am besten erhaltenen und bewundernswertesten Burgen der ganzen Welt.

Und die Bilanz? Es ist nicht ganz einfach, zu einem endgültigen Urteil über die Kreuzzüge zu gelangen. Es gab Zeiten, da man sie verdammte als Verwirrung des Menschengeistes, als Schwärmerei, ja sogar als religiösen Wahn. Da sind die Ausschreitungen gegen die Juden, wie sie als Folgeerscheinung fanatischer Begeisterung der Massen allenthalben in den Städten des Abendlandes vorkamen und nur schwer von einsichtigen Männern wieder eingedämmt werden konnten. Da sind auch die Verlustziffern, die in ihrer nüchternen Zusammenstellung noch einmal die Ausmaße und zugleich die ungeheuren Schwierigkeiten ahnen lassen. Von über einer Million Kreuzfahrer, die Europa verließen, erreichten nur 440ʹ000 das Heilige Land. Die anderen kamen schon unterwegs um. Nur die wenigsten fanden den Rückweg in die Heimat. Wollte man nach den äußeren Erfolgen messen, wie es manche Kritiker tun, so bliebe nicht viel. Zweimal ist Jerusalem von den Christen gewonnen worden, einmal blutig, einmal auf unblutige Art, doch beide Male ging es wieder verloren. Schließlich blieb es in den Händen der Mohammedaner. Nur einige Burgen zeugen heute noch von dem einstigen Staat der Kreuzfahrer in Palästina. Und doch war der Blutzoll nicht umsonst entrichtet, war der große Aufwand keinesfalls nutzloser vertan als bei den meisten anderen Kriegen der Geschichte; denn die Kreuzzugsidee brachte die schönste Entfaltung ritterlichen Geistes. Als ein einigendes Band verhinderte sie nicht nur vielfach die kleineren Privatfehden, sondern führte auch die verschiedenen Nationen, Deutsche, Franzosen, Italiener, Engländer, näher zusammen. Das kampffrohe weltliche Rittertum erhielt durch die ihm gestellte große Aufgabe einen wertvollen Lebensinhalt. Zugleich aber ergaben sich für die Ritter, den führenden Stand, auch eine Fülle geistiger Anregungen. Männer, die unter normalen Verhältnissen bestenfalls hie und da bis zur Burg ihres Nachbarn gekommen wären, sahen nun fremde Länder; schlagartig weitete sich damit das geistige Blickfeld eines ganzen Standes. Auch Wissenschaft und Kunst gewannen durch die Begegnung von Abendland und Orient, das Wissen der Araber fand Eingang in die abendländische Geisteswelt. Vor allem aber nahm auch der Handel einen sichtbaren Aufschwung, denn besonders die Italiener legten zahlreiche Niederlassungen im ganzen vorderen Orient an, und die wirtschaftliche Verbindungen rissen auch nach der Zeit der Kreuzzüge nicht mehr ab.

Ritter und Mönche

Von den Ritterorden

An einer Zisterne vor den Toren Jerusalems an der Straße nach Joppe begann die Geschichte der Ritterorden. Es war ein gefährlicher Fleck, denn immer wieder wurden dort in der Nähe Pilger überfallen, die, von der Küste her kommend, der Heiligen Stadt zustrebten. Da entschloß sich um 1120 ein französischer Ritter, Hugo von Payns, zur Selbsthilfe zu greifen. Er fand ein paar gleichgesinnte Gefährten. Mit ihnen zusammen schlug er sein Lager bei der Wasserstelle auf und übernahm von hier aus den Schutz der Pilger. Bald war die Hilfe dieser Männer so begehrt, daß sie ihre Aktionen von Jerusalem bis Joppe ausdehnen mußten. Ihre Taten sprachen sich nicht nur bei den Pilgern und den mohammedanischen Räubern herum, sondern die Nachricht davon gelangte auch dem christlichen Herrscher über das damalige Königreich Jerusalem zu Ohren. König Balduin II. bot den Rittern einerseits aus Dank, andererseits in der Hoffnung, sie fest an sich zu ketten, ein Haus in Jerusalem als eine Art Hauptquartier an. Die Ritter bezogen ein Gebäude auf dem Boden des alten Salomonischen Tempels, wo die Mohammedaner schon einmal eine Moschee erbaut hatten. Ungewollt wählten sie mit dieser Niederlassung zugleich auch den Namen für ihre kleine Gruppe, denn während sie selbst sich um ihrer Aufgabe willen ursprünglich »arme Ritter Christi« genannt hatten, hieß man sie von nun an nur noch die »Templer«.

Doch die kleine Schar von Rittern wollte mehr sein als nur eine zufällig zusammengekommene Gruppe. Es ging ihnen darum, den ritterlichen Tatendrang mit dem frommen Sinn des Pilgertums zu einer Einheit zu verbinden. So leisteten sie dem Patriarchen von Jerusalem freiwillig jene Gelübde, die als Grundlage mönchischen Lebens gelten: Freiwillige Armut, Enthaltsamkeit und Gehorsam gegenüber den Oberen. Mönch und Ritter, das war etwas völlig Neues, ein Orden, wie es ihn bisher im Leben der Kirche noch nicht gab. Dieses Neue spürte man auch deutlich in der Ordensregel. Es war kein Mönchsorden, der sich in ein kriegerisches Abenteuer stürzte, sondern es waren Ritter, die ihrer Gemeinschaft eine mönchische Form zugrunde legten.

Der neue Orden wuchs sehr rasch. Vor allem französisch-normannische Ritter traten ihm in großer Zahl bei, so daß bald eine genaue Einteilung erfolgen mußte. Nach ihren Verrichtungen unterschieden sich die Mitglieder in drei Klassen: die Priester, deren Zahl verhältnismäßig gering war, die Ritter, die das eigentliche Rückgrat des Ordens bildeten, und die zahlreichen dienenden Brüder. An der Spitze des gesamten Ordens stand der Großmeister, ihm zur Seite ein beratendes Generalkapitel. Schon dreizehn Ritter genügten, um einen eigenen Konvent zu bilden. Ihre Ordenshäuser glichen jedoch mehr Burgen als Klöstern. Für ihr Gemeinschaftsleben hielten sich die Ritter weitgehend an die Regeln der Benediktiner, aber mit einigen »ritterlichen« Ausnahmen. So durften sie, entgegen dem vollständigen Fleischverbot der Benediktiner, an drei Tagen in der Woche, Sonntag, Dienstag und Donnerstag, Fleisch essen. Müde Ritter erhielten sogar die Erlaubnis, von den nächtlichen Gebeten fernzubleiben.

Wie die Zahl der Ritter, so vermehrte sich auch ihr Besitztum durch großzügige Schenkungen, die ihnen von allen Seiten zuflossen. Da diese Besitzungen aber nicht alle in Palästina lagen, gründeten die Ritter auch Niederlassungen im Abendland, so daß nur ein Teil der Ordensmitglieder im Heiligen Land kämpfte. Etwa hundert Jahre nach seiner Gründung umfaßte der Orden bereits neuntausend Häuser. Die Angaben über die Zahl der Mitglieder — einschließlich der Bediensteten — schwanken zwischen fünftausend und zwanzigtausend.

Schon äußerlich unterschieden sich die Templer von den übrigen Kreuzfahrern durch ihren weißen Mantel mit dem roten Kreuz, weshalb man sie häufig auch die »roten Mönche« nannte. Das Haar trugen sie kurz geschoren, den Bart lang; daran erkannten sie auch ihre sarazenischen Gegner, bei denen die Ritter bald wegen ihrer großen Tapferkeit gefürchtet waren. Für diese Tapferkeit spricht, daß 1156 in der Schlacht bei Banjas 300 Ritter fielen, 87 in Gefangenschaft gerieten und nur dreißig zurückkehrten. In der Schlacht bei Darbsak 1237 fielen hundert Ritter und nur zwanzig kehrten zurück. Von den 22 Großmeistern des Ordens bis zu seiner Auflösung im Jahr 1312 fielen fünf in der Schlacht, fünf starben an ihren Verwundungen, und einer kam im Gefängnis der Moslems um. Aber auch von ihrer Tollkühnheit, ja von ihrem Leichtsinn im Kampf hören wir in den Chroniken. Ihre Leistungen dürfen keineswegs gering eingeschätzt werden, denn das Betätigungsfeld der Ritter wurde immer größer. Bald lag in ihrer Hand ein Großteil der Verteidigung des Heiligen Landes. Trotzdem ließ die anfänglich große Beliebtheit der Templer immer mehr nach und machte unter weiten Kreisen der Pilger und Ritter einer zunehmenden Abneigung Platz, die sich manchmal zu offenen Anklagen steigerte. Mit den ihnen zugefallenen Schenkungen hatte sich ihr Vermögen, das ja nie dem einzelnen, sondern immer nur dem Orden in seiner Gesamtheit gehörte, rasch vermehrt, und die Templer übernahmen Geldgeschäfte, die zu einem geistlichen Ritterorden gar nicht passen wollten, ja selbst das kirchliche Zinsverbot umgingen sie einfach. Allein die Tatsache, daß die Templer 1191, also etwa siebzig Jahre nach ihrer Gründung, dem englischen König Richard Löwenherz die Insel Zypern für eine Summe abkaufen konnten, die nach unserer heutigen Berechnung mindestens zwanzig Millionen Mark betrug, zeigt, über welch ungeheures Vermögen die Ritter verfügten. Es kam so weit, daß man den Templern neben Stolz und Hochmut auch Habgier vorwarf, ein Begriff, der im ritterlichen Leben bis dahin so gut wie unbekannt war.

Dieser Reichtum wurde zur Ursache für den Untergang des Ritterordens. Das ungeheure Vermögen, das der Orden in fast zwei Jahrhunderten angesammelt hatte, reizte den französischen König Philipp IV., den man den »Schönen« nannte. Er suchte nach einem Weg, die Ritter zu vernichten und sich ihr Vermögen anzueignen. Sein Plan wurde durch die Tatsache erleichtert, daß die Ritter sich im Abendland besonders auf Frankreich konzentrierten; in Paris lag ihr berühmtes Schatz- und Verwaltungshaus, der »Temple«. Der König ließ das Gerücht ausstreuen, die Ritter seien Ketzer, sie verleugneten Gott und beteten den Teufel an. So absurd diese Anklage erscheinen mußte, so sorgte Philipp doch dafür, daß sie überall verbreitet wurde. Als er die öffentliche Meinung gegen die Templer aufgebracht hatte, ließ er die Ritter verhaften und vor ein Inquisitionsgericht stellen.

Dann begann der berüchtigte Prozeß. Es war merkwürdig, wie sich die Aussagen, die hier gemacht wurden, einander glichen. Sie wurden immer vor den gleichen Untersuchungsrichtern und nach den gleichen »peinlichen Verhören« gemacht. Ihr erpreßter und suggerierter Charakter tritt mit erschreckender Deutlichkeit hervor. Der Papst konnte den Rittern nicht beistehen. Er war damals selbst abhängig vom französischen König und versuchte vergeblich,

Der Minnesänger Tannhäuser in der Tracht eines Deutschordensritters im weißen Mantel mit dem schwarzen, gleicharmigen Kreuz auf der Brust.

Einfluß auf den Prozeß zu gewinnen. Auch verstand es Philipp, mit glänzender Regie auf jede nur mögliche Weise zu täuschen. Wer wußte von Daumenschrauben, den Gewichten an Armen und Beinen und anderen Foltern, die hinter den »freiwilligen« Geständnissen standen? Die Ordensritter brachten nicht mehr die Kraft auf, Drohungen, Versprechungen und Folterungen Widerstand entgegenzusetzen. Der Orden wurde verboten, mehr als hundert Ritter, darunter der letzte Großmeister, starben auf dem Scheiterhaufen, das Vermögen des Ordens zog der König ein.

Begann die Geschichte der Templer mit dem Kampf gegen die Sarazenen, so stehen am Anfang der Geschichte des zweiten großen Ritterordens Hilfe und Nächstenliebe. Nahe der Grabeskirche in Jerusalem hatten Bürger der italienischen Stadt Amalfi schon vor Beginn des ersten Kreuzzuges ein Hospital errichtet, als dessen Schutzpatron Johannes der Täufer galt. Hier pflegte eine Bruderschaft, die sich nach dem Schutzheiligen »Johanniter« nannte, kranke Pilger und half ihnen in der ersten Not. Es mag keine leichte Aufgabe gewesen sein, denn der Andrang war zu allen Zeiten sehr rege.
Die Fürsorge der Johanniter für ihre Kranken soll sogar das Lob Sultan Saladins gefunden haben, der sich der Sage nach verkleidet in das Hospital einschlich. Dreimal wöchentlich erhielten die Kranken frisches Schweine- und Hammelfleisch, Schwache bekamen Hühnerfleisch, als Zuspeise diente allgemein Weißbrot. Johann von Würzburg erzählt in seinem Reisebericht über das Heilige Land: »In der Zeit, in der ich selbst dort war, betrug, wie ich von den bedienenden Brüdern erfuhr, die Zahl der Kranken bis zu zweitausend. Sie waren teilweise so schwer krank, daß manchmal innerhalb von 24 Stunden mehr als fünfzig Tote hinausgetragen werden mußten. Aber immer und immer wieder kamen noch mehr dazu. Außerdem unterstützt dieses Haus noch einmal so viele Pilger mit Lebensmitteln, denn sie geben den Armen, die um Brot bitten, auch wenn sie außerhalb des Hauses bleiben!« Viertausend Hilfsbedürftige — das ist für die damaligen Verhältnisse eine mehr als beachtliche Zahl, die für die segensreiche Tätigkeit des Hospitals spricht.
Allmählich setzte sich aber bei den Johannitern ein Wandel von der Bruderschaft zu einem Ritterorden durch, denn neben die Pflege der Armen trat, wie bei den Templern, die Aufnahme des Ritterdienstes gegen die Ungläubigen. Um 1160 erhielten auch sie eine Ordensregel, und die Ritter mit dem weißen Kreuz auf dem schwarzen Mantel waren bald ebenso bekannt wie die »roten Mönche«. Während die Templer ihre Aufgabe allein im Kampf erblickten,

vernachlässigten jedoch die Johanniter nicht einen Augenblick ihre karitative Arbeit. Im übrigen lassen sich manche Vergleiche ziehen. Der Reichtum der Orden wuchs hier wie dort, wenn sich auch die Johanniter kaum in Geldgeschäfte einließen und ihr großes Vermögen vor allem in Grundbesitz in ganz Europa anlegten. Nach der Eroberung Jerusalems durch Saladin mußte der Sitz des Ordens erst nach Ptolemais, dann nach Zypern und schließlich 1309 nach Rhodos verlegt werden. Wenn heute die Scharen der Vergnügungsreisenden staunend im großen Saal des Hospitals von Rhodos stehen oder das wieder aufgebaute Schloß des Großmeisters bewundern, von dessen Fenstern aus man auf die Kuppeln der Moscheen in der Stadt blickt, dann denken sie kaum mehr daran, daß hier die Ordensritter über zwei Jahrhunderte lang einen erbitterten Kampf gegen die Türken führten, bis am Heiligen Abend des Jahres 1522 der Großmeister die Insel an den Sultan Soleiman II. übergeben mußte, weil die Bevölkerung dem Hungertod nahe war. Neuer Sitz des Ordens wurde die Insel Malta, wo die Johanniter ihre Selbständigkeit bewahrten, bis Napoleon 1798 die Insel besetzte.

Als einziger der drei Orden lebt er bis heute fort, einerseits in dem höchst exklusiven katholischen »Souveränen Ritterorden vom Hospital des hl. Johannes zu Jerusalem, genannt von Rhodos, genannt von Malta«, der heute immerhin in Europa noch an die 8000 Mitglieder umfaßt. Was da aber als die anachronistische, längst überholte Spielerei adeliger Familien angesehen werden muß, erlangte in dem vom deutschen Zweig dieses Ordens gegründeten »Malteser-Hilfsdienst« neues, höchst aktuelles Leben. In der Katastrophenhilfe und vor allem im Unfallrettungsdienst, im Einsatz auch in Kriegsgebieten wie in Vietnam, haben die rund 25 000 freiwilligen Helfer wieder angeknüpft an die große, stolze Tradition des alten Ordens.

Auch die Geschichte des dritten großen Ritterordens beginnt mit der Fürsorge für kranke und verwundete Kreuzfahrer, genauer gesagt mit einem Zeltlazarett, das Pilger aus Bremen und Lübeck aus den Segeln ihrer Schiffe vor den Mauern von Akka errichteten. Als die Stadt 1190 von den Kreuzrittern erobert worden war, erhielten die hilfsbereiten Pilger ein eigenes Grundstück, und wieder, wie bei den Johannitern, gesellten sich Ritter zu den Pilgern und beschlossen, einen neuen Orden zu stiften. Maßgeblich waren Vorbild und Regeln der Templer und der Johanniter, lediglich mit dem Unterschied, daß dem Orden nur deutschsprachige Ritter beitraten und auch in erster Linie deutsche Pilger betreut werden sollten.

Trotz heftigen Protests der Templer trugen auch die Angehörigen des Deutschen Ordens den weißen Mantel, aber mit einem schwarzen statt einem roten Kreuz. Zwei Hemden, zwei Unterkleider, einen Rock und einen Mantel erhielten die neuen Brüder beim Eintritt in den Orden. Zugleich wurden sie ermahnt: „Es kann kommen, daß du essen willst, aber fasten mußt, fasten möchtest, aber essen sollst; daß du lieber schliefest, wo du zu wachen hast, lieber wachtest, wo du zu schlafen hast. Es kann dir befohlen werden, dahin oder dorthin zu gehen, indes es dir nicht behagen mag; aber du mußt auf den eigenen Willen verzichten."

An Tapferkeit ließen es auch die Mitglieder des Deutschen Ordens nicht fehlen, aber sie konnten im Heiligen Land den Vorsprung der Templer und Johanniter nie ganz aufholen. Um so lieber griffen sie zu, als sich ihnen die Gelegenheit zu einer neuen, ganz anders gearteten, verantwortungsvollen Aufgabe bot. Als nämlich die heidnischen Preußen immer wieder polnische Grenzgebiete verwüsteten, rief 1225 der Herzog Konrad von Masowien den Deutschen Orden um Hilfe an und versprach, ihm das alte umstrittene Kulmer Land zwischen Polen und Preußen zu schenken. Für den Hochmeister des Ordens, Hermann von Salza, war es eine wichtige Entscheidung. Als aber auch der Kaiser dem Orden alle eroberten Gebiete versprach, gab es kein Zögern mehr.

Fünf Jahre später zogen die ersten Ritter aus dem sonnendurchglühten Palästina nach dem kalten, rauhen Norden, der doch ihrer deutschen Heimat so unmittelbar benachbart lag. Als die ersten beiden Ritter zur Erkundung in das Kulmer Land kamen, trafen sie zwar nicht den dort kämpfenden Polenherzog, dafür aber eine Schar Preußen, die sie überfielen. Schwer verwundet blieben sie wie tot liegen, aber die Herzogin ließ die Ritter auf dem Kampffeld suchen und rettete dadurch ihr Leben. Nach ihrer Genesung konnten sie dann auch ihre Erkundungsaufgabe erfüllen. Tatkräftig ging der Orden dann an seine doppelte Aufgabe: Kampf gegen die heidnischen Preußen und Kolonisation des Landes. Die Ritter riefen deutsche Siedler ins Land, die sich als freie Bauern niederlassen oder in den neu gegründeten Städten wohnen sollten; zu den deutschen Siedlern gesellten sich auf dem Lande auch slawische. Später, lange nachdem der letzte Widerstand erloschen war, kolonisierte der Orden auch mit preußischen Bauern, die aber nicht in die Städte ziehen durften. Heute weiß man, daß die alte Auffassung, die Ordensritter hätten die Preußen ausgerottet, nicht den Tatsachen entspricht.

Es ist erstaunlich, in welch kurzer Zeit ihr großes Kolonisationswerk gelang. Schon 1309 verlegte der Großmeister den Ordenssitz auf die Marienburg, die schönste und größte Burg des Ordenslandes. Auch die heidnischen Litauer wurden unterworfen. Immer wieder erhielt der Orden bei seinen Kämpfen Unterstützung durch weltliche Ritter, die jetzt nicht mehr in das Heilige Land zogen, sondern gegen die letzten Heiden in der unmittelbaren Nachbarschaft kämpfen wollten. Bei einem solchen Feldzug gründete der Böhmenkönig Ottokar II. die nach ihm benannte Stadt Königsberg.

Um das Jahr 1400 konnte der Chronist einen kurzen, aber um so stolzeren Rechenschaftsbericht geben, in dem sich Macht und Reichtum der Ordensritter spiegeln: »Dem Orden gehörten unter dem Hochmeister Ulrich von Jungingen vier Bischöfe, 28 Komturen (Verwalter eines Landbezirks), von denen jeder hundert Pferde hielt, 46 Hauskomturen (Verwalter eines Ordenshauses), 35 Ordensdomherren, 38 Conventualen (vollberechtigte Mitglieder eines Ordens), 81 Hospitalherren, 65 Kellermeister, 37 Pfleger, 18 Vögte, 39 Fischmeister, 93 Müllermeister, 25 Ordenspfarrherren, 3161 Ritterbrüder, 162 Brüder und Chorbrüder, 6200 Dienstknechte, sechzig Städte und ebenso viele Schlösser, 18 368 gemeine Dörfer, 740 Pfarrdörfer und 2000 Freihöfe.«

Doch als der Chronist dies niederschrieb, begann der Stern der Deutschritter schon zu sinken. An Stelle des Kampfes gegen die Heiden trat die Auseinandersetzung mit dem landsässigen Adel, den nicht zum Orden gehörenden Rittern des Landes, mit den Bürgern der Städte, die völlig unabhängig sein wollten, und schließlich der Kampf gegen das erstarkte Polen, das in den Rittern, die es einst selbst gerufen, nun politische Gegner sah. Am 15. Juli des Jahres 1410 erlitt der Orden in der größten Schlacht des Mittelalters, der Schlacht bei Tannenberg, eine schwere Niederlage. Die meisten Ordensburgen und Städte ergaben sich daraufhin dem Polenkönig Jagiello. Zwar konnte die Marienburg gehalten und nach dem Abzug des Königs das ganze Land wieder zurückgewonnen werden, aber der innere Zerfall und der Niedergang war nicht mehr aufzuhalten. Fünfzig Jahre nach Tannenberg mußte der Orden im Frieden von Thorn die Hälfte seines Besitzes, Westpreußen, an Polen abtreten; für den Rest des Ordenslandes erkannte der Hochmeister die polnische Oberhoheit an. Ein halbes Jahrhundert später wurde eben dieser Rest, als der Hochmeister Albrecht von Brandenburg-Ansbach zum Protestantismus übertrat, in ein weltliches Fürstentum umgewandelt.

Literaturhinweise

Die folgende Bibliographie verzichtet auf die grundlegenden, älteren wissenschaftlichen Werke und bringt nur solche moderne Titel, die jederzeit leicht eingesehen werden können und die vielfach schon in öffentlichen Büchereien von kleiner und mittlerer Größe stehen. Die mit einem * versehenen Titel enthalten dann ihrerseits wieder ausführliche Literaturhinweise, die es einem interessierten Leser ermöglichen, sich genauer mit Einzelthemen zu beschäftigen.

Anderson, W., Burgen Europas, Süddeutscher Verlag, München 1971. *

Bertau, K., Deutsche Literatur im europäischen Mittelalter, 2 Bde. * Beck München 1972/73.

Boehn, M. von, Menschen und Mode im Mittelalter, Bruckmann München 1963.

Boor, H. de, Die höfische Literatur, Beck München 1953. *

Bühler, J., Deutsche Geschichte, Bd. I und II, de Gruyter Berlin 1934 ff.

Dürst, H., Rittertum, Kantonale historische Sammlung Schloß Lenzburg 1962.

Fedden, R. und Thompson, J., Kreuzfahrerburgen im Heiligen Land, Brockhaus Wiesbaden 1959.

Heer, F., Mittelalter, Kindler Zürich 1961.

Hotz, F., Kleine Kunstgeschichte der deutschen Burg, Wissenschaftliche Buchgesellschaft Darmstadt 1965.

Hussmann, H., Über deutsche Wappenkunst, Pressler Wiesbaden 1973.

Le Goff, J., Kultur des europäischen Mittelalters, Knaur München 1970.

Martin, P., Waffen und Rüstungen, Umschau Frankfurt 1967. *

Meyer, W., Die deutsche Burg, Weidlich Frankfurt 1963.

Müller-Wiener, W., Burgen der Kreuzritter, Deutscher Kunstverlag München 1966.

Norman, V., Waffen und Rüstungen, Ariel Frankfurt o. J.

Piper, O., Burgenkunde, Weidlich Frankfurt 1967. *

Reitzenstein, A. von, Der Waffenschmied, Prestel München 1964. *

Ders., Rittertum und Ritterschaft, Prestel München 1972. *

Runciman, S., Geschichte der Kreuzzüge, Beck München 1968.

Schiedlausky, G., Essen und Trinken. Tafelsitten bis zum Ausgang des Mittelalters, Prestel München 1959. *

Schmidt, R., Burgen des deutschen Mittelalters, Hirmer München 1959.

Stenzel, G., Von Burg zu Burg in Österreich, Kremayr & Scheriau Wien 1973.

Tuulse, A., Burgen des Abendlandes, Schroll Wien 1958. *

Waas, A., Geschichte der Kreuzzüge, 2 Bde., Herder Freiburg 1956. *

Ders., Der Mensch im deutschen Mittelalter, Böhlau Graz 1964. *

Waldburg-Wolfegg, H. von, Vom Nordreich der Hohenstaufen, Schnell & Steiner München 1961. *

Winter, J. M. van, Rittertum, Ideal und Wirklichkeit, Beck München 1969.

Wehrli, M. (Hrsg.), Deutsche Lyrik des Mittelalters, Manesse Zürich 1955.